Manual de Versificação Românica Medieval

SEGISMUNDO SPINA

Professor Emérito da Universidade de São Paulo

Manual de Versificação Românica Medieval

Ateliê Editorial

Copyright © 2003 Segismundo Spina

Direitos reservados e protegidos pela Lei 9.610 de
19 de fevereiro de 1998.
É proibida a reprodução total ou parcial sem a autorização,
por escrito, da editora.

1ª edição, Rio de Janeiro, Edições Gernasa, 1971.
2ª edição revista, São Paulo, Ateliê Editorial, 2003.

ISBN 85-7480-159-3

Direitos reservados à
ATELIÊ EDITORIAL
Rua Manoel Pereira Leite, 15
06709-280 – Granja Viana – Cotia – SP
Telefax: (11) 4612-9666
www.atelie.com.br
e-mail: atelie_editorial@uol.com.br
2003

Foi feito depósito legal

Para
*L**EODEGÁRIO** A**MARANTE** **DE** **A**ZEVEDO** F**ILHO**,*
sem cujo estímulo jamais teríamos escrito este livro.

SUMÁRIO

Apresentando 11
Introdução 17

I. Os Metros Românicos 25

O Redondilho 35
O Octossílabo 41
O Decassílabo 45
O Hendecassílabo 63
O Alexandrino 69

II. A Poesia Românica e suas Formas 83

Poesia Lírica 87
   Lírica Moçárabe 88
   Lírica Occitânica 96

❖ Segismundo Spina ❖

Lírica Luso-galega 106
Lírica Francesa 112
Lírica Italiana 139
Lírica Hispano-portuguesa 157
   a) Poemas com mote 164
   b) Poemas sem mote 171

Poesia Épica 173
Épica Espanhola 173
   a) Mester de juglaría 173
   b) Mester de clerecía 176
Épica Francesa 182

Poesia Épico-Lírica 189
O Romanceiro Espanhol 189

Poesia Alegórica 195

Poesia Satírica 203

Poesia Competitiva 209

Anexo 215

Bibliografia 223

Obras do Autor 231

APRESENTANDO

E vamos ao "posfácio", pois é neste momento que acabamos de escrever a obra. Relembrando: faz 34 anos exatamente (1969), o Prof. Leodegário Amarante de Azevedo Filho solicitou-nos um trabalho acerca da versificação medieval. Ao convite houve de início certa relutância, por motivos alguns deles altamente ponderáveis. A falta de uma bibliografia especializada, não só de obras de fundo sobre o campo como de uma infinidade de estudos e monografias que se perdem no maremagno de revistas estrangeiras (nem sempre ao nosso alcance), constituiu para nós um pretexto razoável para dissuadir ao querido Colega a manutenção da idéia. Razões outras não faltariam para reforçarmos a recusa: o sonho adolescente de realizarmos alguma coisa no Brasil na área da cultura medieval foi-se arrefecendo progressivamente ao longo de nossa vida profissional. A Idade Média, como expressão

❖ Segismundo Spina ❖

de cultura, ampla ou especializada, dificilmente conquistou público em nosso meio; considerada em perspectiva com a cultura brasileira, não tem funcionalidade; para alguns a "realidade brasileira" não recua para além das balizas do Renascimento... Via de regra uma época vítima de preconceitos, o nosso público (e nele se incluem muitos elementos da própria esfera universitária) sempre manifestou certa alergia por estudos relacionados com esses "séculos obscuros" da história do Ocidente.

Não bastassem esses dois motivos fundamentais (dificuldades bibliográficas e prejuízos contra a Idade Média), uma razão católica seria suficiente para recusarmos a tarefa ingrata: todos somos concordes em que nada há mais árido e desinteressante do que ler uma obra de versificação. Normalmente confusos ou extremamente técnicos e especializados, os tratados dessa matéria acabam sendo livros ilegíveis, confinados a consultas esporádicas – como se foram repositórios de uma erudição sem utilidade. No domínio de tais estudos, o interesse às vezes pode sobrevir quando se faz do campo versificatório um pretexto para indagações de ordem genética (o caso da estrofação zejelesca, o da morfologia original do soneto, o do refrão, o da estrutura paralelística e outros); mas, quando pretendemos apresentar a matéria sob uma angulação puramente descritiva ou informativa, então corremos o risco de escrever uma obra incompulsável.

São todos, como se vê, argumentos que desaconselham qualquer tentativa ou pretensão. Sucede que o caro Colega Leodegário, apaixonado de estudos dessa natureza e autor de excelentes monografias a respeito do verso decassílabo em Português, da poética de Anchieta, da de Tasso da Silveira, das unidades melódicas da frase, Leodegário – dizíamos – não aceitou a recusa. E o remédio foi pormos mãos à obra. Mas foi pensando nessa pré-condenação dos livros que tratam da ciência do verso que imaginamos um esboço da versificação românica medieval em moldes diferentes, isto é, vinculando tanto quanto possível o tratamento da matéria ao campo da história da poesia medieval. Procuramos assinalar, depois de uma introdução sobre os metros fundamentais da poesia românica, os momentos mais expressivos da literatura poética da Baixa Idade Média, com suas características versificatórias e suas grandes conquistas no domínio da forma e da dialética da concepção poemática. A leitura do *Manual* permite, pois, e antes de tudo, uma visão de conjunto da poesia românica que floresceu entre o século XI e o Renascimento. Pareceu-nos uma experiência totalmente nova, mas não o fizemos sem que esbarrássemos com inúmeras dificuldades. Uma delas, por exemplo: é sabido que não existe ainda uma uniformidade na versificação dos povos românicos relativamente à contagem poética das sílabas. Ao sistema francês, português e provençal, que despreza na medida dos versos as sílabas metatônicas fi-

❖ Segismundo Spina ❖

nais, opõe-se o sistema espanhol e italiano, que faz a contagem do verso até à última sílaba tônica – mais uma. No primeiro caso o verso-base é o verso agudo masculino; no segundo, o verso grave ou feminino. A fim de evitarmos da parte do leitor confusões que seriam naturais em quem lê com o espírito desprevenido, fizemos uma adaptação do segundo sistema ao primeiro. Assim, quando os metricistas da poesia espanhola falam, por exemplo, no octossílabo da poesia do romanceiro, nós falamos em heptassílabos.

A distribuição da matéria também não se fez segundo um critério único baseado na classificação fundamental dos gêneros literários: *lírico*, *épico* e *dramático*. Eliminamos o estudo do último gênero por motivos que vão denunciados no curso da obra; ao *lírico* e ao *épico* demos um tratamento relativamente amplo; mas, tendo-se em vista oferecer ao estudante um panorama da poesia medieval dos últimos quinhentos anos, resolvemos ampliar o critério estritamente genérico, abrindo capítulos em que a poesia lírica ou épica se apresenta sob as formas alegórica ou competitiva; outro, em que a poesia se distingue dos gêneros essencialmente líricos e épicos pelo seu conteúdo satírico; e outro ainda, em que os dois gêneros (o lírico e o épico) se conjugam – como no caso da poesia do romanceiro.

Escrito, porém, nos interstícios da faina profissional, em 1971 sai a lume o trabalho, hoje atualizado em pormenores bibliográficos, sem que o conteúdo sofresse modificações. É inegável que a manutenção da 1ª edição possa ressentir-se ainda de inúmeras falhas; portanto, para elas continuamos solicitando os olhos generosos da crítica, a fim de que, numa hipotética refundição do livro para uma 3ª edição, tais lacunas se venham remediar.

O AUTOR

INTRODUÇÃO

Nos primeiros séculos do Cristianismo, ou, mais precisamente, na altura do Baixo Império (século IV: Constantino, Juliano "O Apóstata", Teodósio), o caldeamento e a assimilação dos povos conquistados pelos romanos já determinavam profundas modificações prosódicas e morfológicas na língua latina; a linguagem escrita procurava manter o esquema das declinações e a estrutura sintática do latim clássico, mas a linguagem falada foi substituindo o sistema flexivo das declinações pela regência preposicional, perdendo então e progressivamente a consciência da flexão vocabular. A linguagem viva, porém, não parou aí as suas transformações: com a perda também do sentimento da *quantidade silábica* (longas e breves) – fundamento musical do verso clássico –, uma nova sensibilidade fonética baseada na *intensidade* (sílabas fortes, fracas, tônicas, átonas) começou a impor-se. Nesse momen-

❖ SEGISMUNDO SPINA ❖

to nasceu a poesia românica. Escritores houve, como Comodiano de Gaza (em latim) e Gregório Nazianzeno (em grego), que, não obstante conhecessem perfeitamente as leis da metrificação clássica, imprimiram às suas criações poéticas um ritmo baseado nesta nova música do verso[1]. No trânsito para a versificação acentual, entretanto, tais poetas se mostravam muitas vezes indecisos, caldeando nos seus versos os dois princípios – o da métrica e o da versificação –, o que levou alguns tratadistas a imaginarem que a fusão era simplesmente intencional, numa tentativa de fazer concessões à sensibilidade prosódica do povo. Comodiano de Gaza (século III? século IV?), nos seus dois livros *Instructiones* e *Carmen Apologeticum*, se algumas vezes praticou hexâmetros bem feitos (realizações falsas, fortuitas ou intencionais – não importa), na maioria dos casos aderiu à prosódia nascente da acentuação gramatical. Para uns (Boissier e Scheiffer) o escritor sírio nunca levou em conta a quantidade silábica; para Frederic Hansen o sistema quantitativo de modo algum foi substituído pelo acento gramatical, pois antes das cesuras e nos fins dos versos Comodiano respeitava até certo ponto a quantidade. As mesmas perplexidades que dividem os filólogos estudiosos do nascimento da poesia românica ob-

---

1. Ver, por exemplo, do poeta grego capadócio, os dois poemas "Elogio da Virgindade" e "Canto Vespertino", em que já se manifesta a transição para a métrica acentual.

servam-se entre os tratadistas da primitiva poesia latina anterior à clássica – representada pelos versos *saturninos* de Névio e Lívio Andronico (século III a.c.): enquanto alguns vêem no verso arcaico latino um ritmo baseado na quantidade (ainda que imperfeitamente), outros consideram a poesia saturnina feita à base do acento de intensidade[2]. Os filólogos que defendem a ressurreição desse suposto sistema métrico acentual da poesia pré-clássica, na altura em que a métrica clássica modelada na poesia grega entra em declínio, estão na linha dos romanistas que buscam as origens remotas dos idiomas neolatinos num latim vulgar anterior ao período clássico. Controvertida que é a gênese da poesia românica, tudo leva a crer, porém, que os metros criados por ela não descendem dos esquemas métricos da poesia clássica latina, ainda que muitas vezes possamos assegurar a analogia de certos versos românicos com outros da poesia latina clássica. Se um verso como o de Catulo: *Vivamus, mea Lesbia, atque amemus* (V, 1), ou *Arido modo pumice expolitum* (I, 2) (hendecassílabos falécios); ou ainda estes do mesmo poeta: *Dulce ridentem, misero quod omnis* (LI, 5), *Caesaris visens monimenta magni* (XI, 10) (hendecassílabos sáficos), se tais versos – dizíamos – reproduzem perfeitamente o decassílabo lírico românico, não

---

2. Referindo-se ao verso saturnino, Francesco d'Ovidio fala que a sua variedade métrica "mette alla disperazione così chi vuol misurare ad accento come chi a quantità" (*Versificazione romanza*, I, p. 136).

❖ Segismundo Spina ❖

quer isto dizer que este metro derivasse daqueles. Quase todos os metros da poesia românica encontram prosodicamente correspondentes na métrica latina. É só procurá-los, perdidos como estão por entre os versos do poema. Mas nada nos autoriza supor que dos esquemas métricos clássicos se originaram os metros românicos. Servindo-se de uma imagem de Leonardo Olschki (em sua *Struttura spirituale e linguistica del mondo neolatino*), diz Karl Vossler que "não existe relação genética entre o florescer de uma maçã e o de uma cereja"; por outras palavras: não é possível enxertar na maçã a natureza da cereja. Extrair, por exemplo, o hendecassílabo italiano ou o alexandrino francês de metros como o hexâmetro ou o trímetro jâmbico latino "são meros trabalhos de amor perdidos"[3].

Uma vez obliterado o sentimento da quantidade silábica, o novo ritmo da poesia românica baseado na sucessão regular de sílabas fortes e sílabas fracas fixou o princípio do *isossilabismo*, isto é, do número igual e constante de sílabas nos versos. Mas o isossilabismo tendeu a predominar na poesia culta, pois a poesia de feição popular e folclórica, normalmente associada à música e à coreografia, não atendia ao princípio isossilábico. Ao lado ainda dessa versificação *acentual* ou *rítmica,* em que o ritmo do verso, sob a influência da me-

---

3. Karl Vossler, *Formas poéticas de los pueblos románicos*, p. 27.

❖ MANUAL DE VERSIFICAÇÃO ROMÂNICA MEDIEVAL ❖

lodia musical, se apóia no acento, desenvolveu-se também uma outra modalidade versificatória: a *amétrica,* sistema livre, suplantado com o tempo pelo isossilabismo. Recapitulando: três foram as modalidades de versificação românica desde o momento em que a métrica clássica foi sendo suplantada por uma nova sensibilidade rítmica, baseada na intensidade e na contagem silábica: a) a *versificação isossilábica,* que teve tendência a predominar na poesia literária: caracteriza-se pela igualdade silábica dos versos; b) a *versificação amétrica,* de forma heterossilábica ou irregular, em que a medida silábica dos versos flutua entre certos limites, numa impressão de desordem. É amétrica, por exemplo, a primitiva épica espanhola, pois os versos oscilam entre onze e dezoito sílabas (nos cantares mais antigos – *Mio Cid, Roncesvalles*). A assonância e a cesura, nesse caso, surgem como recursos de moderação da irregularidade silábica dos versos. Esta versificação foi sendo suplantada pelo isossilabismo, numa luta que se estende entre o século XII e fins do século XIV; c) e a *versificação acentual* ou *rítmica,* cuja irregularidade na medida do verso se explica pela influência da música. É puramente rítmica ou acentual esta cantiga de D. Dinis:

> *Levantou-s'a velida*
> *Levantou-'alva*
> *e vai lavar camisas*

❖ Segismundo Spina ❖

e no alto:

vai-las lavar alva.

(ed. H. Lang, XCIII, vv. 1-5).

Inexistente na poesia clássica, a *rima* faz a sua aparição na poesia latina medieval (vinda, quem sabe, da poesia oriental – como pretendia Wilhelm Meyer) e daí transfere-se para a poesia romance. A rima, que às vezes assumia a forma de mera assonância (*possimus / currimus*; *voluptas / felicitas*) infiltrou-se também no adagiário e na própria prosa (para marcar os finais de parágrafos). Surge ela na poesia medieval latina dos primeiros escritores – Comodiano, Cipriano, Santo Agostinho – e a poesia românica parece havê-la fixado como recurso de compensação da musicalidade perdida da poesia quantitativa[4].

Estabelecida a sua natureza (o ritmo baseado na intensidade silábica); fixado o princípio da sucessão regular das tônicas e das átonas no verso, e conseqüentemente a contagem isossilábica; assimilada a rima como recurso artístico de expressividade musical, expediente mnemônico ou instrumento apto para enfatizar passagens de sentimento patético (como fazia Santo Agostinho nos seus hinos), a poesia românica impôs-se como

---

4. Ver nosso estudo a propósito da *rima* em *Na Madrugada das Formas Poéticas*, 2. ed., São Paulo, Ateliê Editorial, 2002, pp. 79-96.

veículo de expressão da alma ocidental, destinada como parece a uma perpetuidade insuspeitável. Fala-se na riqueza estrutural da poesia clássica greco-latina; não menos rica é a poesia românica, de cuja exuberância criadora se terá uma pequena imagem nos capítulos que se seguem.

I

OS METROS ROMÂNICOS

Desde que é o verso a unidade poética por excelência, a substância primária do poema, vejamos os tipos criados ao longo da Idade Média, descartando tanto quanto possível os seus aspectos genéticos. A tendência fundamental no que respeita às origens do verso românico prende-se às teses litúrgica e médio-latinista da gênese da lírica romance. As formas métricas essenciais dessa poesia devem encontrar as suas raízes nos esquemas da poesia latina rítmica, acentual.

A poesia latina rítmica foi ao princípio a mestra, depois uma competidora amigável e conselheira, que exerceu na poesia românica e germânica uma influência duradoura, que ainda hoje se mostra nas formas atuais,

diz Wilhelm Meyer na sua obra capital acerca da poesia rítmica medieval, *Gesammelte Abhandlungen zur Mittellateinis-*

❖ Segismundo Spina ❖

chen Rythmik (I, p. 248)[1]. Ainda recentemente Michel Burger procurou explicar a formação dos versos fundamentais da poesia românica partindo dessa poesia latina acentual. Assim, para ele, a passagem do sistema quantitativo para o sistema acentual deve ter-se efetuado de maneira natural, insensível, e na mesma época em todas as regiões do Império, isto é: a partir do século III na África (onde o sentimento da quantidade desde cedo tendeu a desaparecer), fins do século IV na Itália e desde o século V na Gália[2]. A perspectiva genética da versificação românica encontra-se, não obstante a autoridade dos tratadistas e o poder de empolgar de certas teorias, num campo ainda atravessado pela controvérsia. No afã de explicar os fenômenos com abstração muitas vezes total do conhecimento da música, as interpretações não raro descambam para um tecnicismo cerebrino. Por essas razões e pela natureza mesma do presente trabalho, vimo-nos na contingên-

---

1. *Apud* R. Lapa, *Das Origens...*, p. 78.

2. Ver *Recherches sur la structure et l'origine des vers romans*, Genève-Paris, 1957, pp. 160-172. Nesta mesma linha, ver também a obra fundamental de Rodrigues Lapa, *Das Origens da Poesia Lírica em Portugal na Idade Média*, pp. 291-325; ou Guido Errante, *Sulla lirica romanza delle origini* (pp. 283-307), que tem o mérito de expor, sumariamente, as idéias de W. Meyer; excelentes também os capítulos de Alfred Jeanroy sobre a matéria, em *Les origines de la poésie lyrique en France au moyen âge* (pp. 342-362); estudo exaustivo faz Georges Lote, na sua obra monumental, infelizmente incompleta, *Histoire du vers français*, I, pp. 3-82.

cia de apenas assinalar as principais conquistas da poesia românica no campo das criações métricas[3].

Arturo Marasso, discorrendo a propósito do verso alexandrino, diz com intuição admirável, ainda que possa ser discutível a sua afirmação:

[...] desde el momento que una lengua adquire vida propia, todos los versos posibles están implícitamente en ella. Por eso no podemos decir que un verso es o no castizo, lo único que podrá discutirse, dentro de un amplio criterio de expresión, es si es o no verso; lo mismo sucede con la rima y la estrofa[4].

A genuinidade, ou, melhor, a nacionalidade dos versos é questão de oportunidade histórica. O metro alexandrino tanto podia ter aparecido na literatura francesa do século XII como na espanhola do mesmo século; quando dizemos que Sá de Miranda introduziu na poesia portuguesa o decassílabo italiano, não significa dizer que esse metro é genuinamente italiano; na lírica trovadoresca já tinha sido largamente praticado, bem como na França desde meados do século X. O que se imitou do decassílabo italiano no Renascimento foi apenas a cesura. Porém o que não se pode negar é que determinados

3. Empregamos o termo *metro*, ao longo do nosso trabalho, para designar simplesmente a extensão do verso; e, quando nos referimos à medida do verso, adotamos o sistema de contagem silábica até à última tônica.

4. *Estudios de literatura castellana*, p. 216.

metros se casam melhor com a índole rítmica de certas línguas, e como tal se tornam quase que exclusivos da poesia deste ou daquele povo. Daí explicar-se, por exemplo, que o *redondilho heptassilábico* ou os versos de *arte maior* sejam considerados metros genuinamente "nacionais", isto é, ibéricos. Normalmente os metros apresentam a sua vigência histórica, praticados como são em determinadas épocas, ou reabilitados mais tarde conforme as exigências estéticas e os padrões formais da escola; o redondilho maior, talvez por ter sido desde o seu nascimento o metro por excelência da poesia popular, conseguiu todavia manter em todos os tempos a sua continuidade. Ainda que metro predileto da poesia hispânica, aqui e ali conseguiu o heptassílabo ser utilizado pela poesia lírica francesa dos primeiros tempos, e até relativamente empregado pelos poetas do século XV (Eustache Deschamps, Christine de Pisan, Charles d'Orleans), nos seus poemas de forma fixa. Antes deles, porém, encontramo-lo nas estâncias de *Aucassin et Nicolette*.

Em toda a Român
ia, ainda que no curso da Baixa Idade Média se tenham desenvolvido metros de uma até vinte sílabas, os metros mais utilizados foram o *redondilho*, o *decassílabo*, o verso de *arte maior*, o *alexandrino* e os versos de treze a quinze sílabas. Os metros curtos (de uma a quatro sílabas), bem como os de dezesseis, dezoito e vinte sílabas, são medidas esporádicas, utilizadas no mais das vezes por mero

❖ MANUAL DE VERSIFICAÇÃO ROMÂNICA MEDIEVAL ❖

virtuosismo e frutos da aglutinação de versos menores – quando não da imperícia dos jograis (em certos casos da poesia épica). Em uma sílaba apenas, ou duas, por exemplo, estão estes rondéis de Jean Molinet, em sua *Art de Rhétorique* (fins do século XV):

Je	*Ton nom*
Boy,	*Me plait,*
Se	*Hennon;*
Je	*Ton nom;*
He	*Mais non*
Voy,	*Ton plaist*
Je	*Ton nom*
Boys.	*Me plait*[5].

As *Leys d'Amors* referem-se ao tetrassílabo usado sozinho, mas dando a entender que se trata de uso muito raro; normalmente o metro de quatro sílabas é tido pela preceptiva provençal como um verso de "enxerto" ou verso "quebrado", pois costuma aparecer por entre versos mais longos; especialmente utilizado nos *lais* e nos *descorts*, o verso de quatro sílabas será muito praticado no século XV nos poemas de forma fixa. Na poesia galego-portuguesa é um belíssimo exemplo o *descordo* de Nuneanes de Cerzeo (CA 389), em que o

---

5. *Apud* G. Lote, *Histoire du vers français*, II, p. 62.

trovador joga com os mais variados metros: decassílabos, tetrassílabos, dissílabos, octossílabos. De duas sílabas:

> *Pesar*
> *d'achar*
> *logar*
> *quer'eu, veer se poderei.*
> *O sen*
> *d'alguen,*
> *ou ren*
> *de ben*
> *me valha, se o en mi ei!*
>   etc.

Na ametria dos versos épicos do *Cantar del Mio Cid*, ainda que prevaleçam os metros compósitos 7+7 e 8+8, ocorrem versos de dezoito a vinte sílabas, como estes no cantar do desterro, respectivamente vv. 260 e 694:

> *por un marco que despendades al monesterio daré yo quatro;*
> *viéronlo las arrobdas de los moros, al almofalla se van tornar*[6].

* * *

Vejamos, pois, numa tentativa de esquematizar as conclusões hoje mais autorizadas, algumas considerações a propó-

---

6. Cf. Menéndez Pidal, *Poema de Mio Cid*, pp. 120 e 143.

❖ MANUAL DE VERSIFICAÇÃO ROMÂNICA MEDIEVAL ❖

sito dos metros fundamentais da poesia românica. Infelizmente os povos românicos não uniformizaram até hoje o sistema de contagem silábica, divididos como estão entre os que contam as sílabas até à última tônica (forma masculina) e os que contam até à última tônica e mais uma (forma feminina). Entre os primeiros estão o francês, o português e o provençal[7]; entre os segundos, o espanhol e o italiano. Dessa forma, o *decassílabo* francês ou português corresponde ao *hendecassíllabo* italiano ou espanhol. Em italiano, por exemplo, o decassílabo nosso recebe as diferentes designações consoante termine por uma palavra oxítona (*endecassíllabo tronco*), por uma paroxítona (*endecassíllabo piano*), ou por uma proparoxítona (*endecassíllabo sdrucciolo*). A adoção dos dois sistemas cria embaraços nos estudos de versificação românica, sobretudo para aqueles que visam a um exame comparativo dos metros dessa versificação. Para agravar ainda mais o problema, o estudioso desprevenido poderá enganar-se na classificação de certos metros, se desconhece o princípio primitivo da versificação francesa, popular ou culta, mediante o qual o sistema de contagem masculino (até à última tônica) se aplica também ao primeiro membro dos grandes versos. Assim, este verso da *Chanson de Roland* (57):

7. Todavia entre nós metricistas há – como Said Ali – que adotam o sistema da contagem feminina, em oposição ao sistema masculino implantado por Castilho.

❖ Segismundo Spina ❖

De noz ostáges / ferat trencher les téstes,

ainda que apresente doze sílabas, é um *decassílabo*, pois o seu primeiro membro – *De noz ostáges* (com cinco sílabas) – também é medido segundo o princípio masculino, que consiste em desprezar as átonas posteriores à tônica; como tal, aqui se contam apenas quatro sílabas. Segundo esse princípio, portanto, estes dois versos da *Vie de Saint Alexis* (século XI) apresentam o mesmo número de sílabas:

A halte voiz / prist li pedre a crider.
Quant ot li pe(dre) / ço que dit at la char(tre).

Tal princípio ocorre também na poesia peninsular ibérica, embora menos freqüentemente.

Daí a errônea suposição de alguns metricistas, que julgam explicarem-se tais casos pela *versificação irregular* ou heterossilábica. Frederic Diez denominou este tipo de cesura feminina (isto é, em que o hemistíquio termina por palavra paroxítona e portanto a última sílaba não conta) de *cesura épica*. Por essa razão um verso decassílabo poderá apresentar não só onze, doze, treze, mas até catorze sílabas (desde que ocorra, embora excepcionalmente, uma cesura com palavra esdrúxula)[8].

8. No francês primitivo palavras havia que apresentavam vestígios de uma acentuação esdrúxula – como *Marsilies* (si), *ángele* (ange), *áneme* (âme) etc. (cf. Paul Verrier, *Le vers français*, II, p. 26).

O REDONDILHO

O *redondilho heptassilábico*, bem como o verso de *arte maior* constituem duas criações galego-portuguesas, metros típicos da poesia popular, ainda que o de *arte maior* viesse a gozar de grande estima na poesia culta do século XV[1]. O *redondilho pentassilábico*, ou *menor* (de cinco sílabas), não teve a mesma difusão que o anterior, mas foi razoavelmente utilizado pelos trovadores galego-portugueses. A acentuação dos dois metros, porém, era um pouco flutuante; todavia, o redondilho menor podia acentuar, além da 5ª sílaba, a 2ª ou a 3ª; e o redondilho maior, afora a última, as sílabas 2ª, 3ª ou 4ª. Todavia, a posição dos acentos interiores nunca foi determinada. Com

---

1. Os metricistas espanhóis do século XV, Juan del Encina (*Arte de poesia castellana*) e Antonio de Nebrija (*Arte de la lengua castellana*) denominavam este verso, respectivamente, verso de *arte real* e verso de *arte menor*; só mais tarde recebeu a denominação de *verso de redondilho maior*.

exceção do refrão, em que o verso poderia ser mais curto, o redondilho pentassilábico é o tipo de verso mais curto usado pelos trovadores; assim esta cobra de um cantar de Pero Meogo:

> Vai lavar cabelos
> na fontana fria;
> passa seu amigo,
> que lhi ben queria,
>   leda dos amores,
>   dos amores leda (CV 793).

O verso pentassilábico, também usado nas bailadas, foi assimilado mais tarde pela poesia popular espanhola, nas saborosas *seguidilhas*. Na França este verso fez a sua aparição em princípios do século XII, no *Sermon rimé*:

> A la simple gent
> Ai fait simplement
> Um simple sarmun.
> Nel fis a letrez,
> Car il unt assez
> Esaiz e raison.

Mantendo-se todavia na poesia lírica – onde aparece em combinação com metros mais longos –, o pentassílabo só readquire a sua independência entre os poetas virtuosos do

❖ MANUAL DE VERSIFICAÇÃO ROMÂNICA MEDIEVAL ❖

século XV, que se utilizam dele em estrofes combinadas com outras de metros diferentes, mais longos ou mais curtos.

Denomina-se também *redondilho menor* (hoje dizemos "heróico quebrado") o verso hexassilábico, cujas tônicas podem incidir, além da 6ª, na 2ª, 3ª ou 4ª sílabas. Esta cobra, por exemplo, de um cantar d'amigo de D. Dinis:

> *Pois que diz meu amigo*
> *que se quer ir comigo*
> etc. (CV 203).

Mas o metro mais largamente utilizado, não só pelos trovadores, como pela poesia de feição popular de todos os tempos, foi o redondilho maior, que às vezes alterna com o verso de oito sílabas agudo porque os trovadores deviam atender, segundo a opinião de José Joaquim Nunes, ao número de sílabas (oito), e não à posição da última tônica. Assim, nesta estrofe de um cantar d'amigo do mesmo D. Dinis:

> *Que trist' oj' é meu amigo,*
> *amiga, no seu coraçom!*
> *ca non pôde falar migo*
> *nen veer-m', e faz gram razom*
> *meu amigo de trist' andar,*
> *pois m'el non vir e lh'eu nembrar.* (CV 158)[2].

2. Cf. *Cantigas d'amigo*, I, p. 409.

❖ SEGISMUNDO SPINA ❖

Casos há, portanto, em que todos os versos da composição, em octossílabos agudos, apresentam as acentuações normais do redondilho maior; é o que se verifica, por exemplo, neste outro cantar do Rei trovador:

> *Meu amigo ven oj'aqui*
> *e diz que quer migo falar,*
> *e sab'el que mi faz pesar,*
> *madre, pois que lh'eu defendi*
> *que non fosse per nulha ren*
> *per u eu foss' e ora ven* (CV 187).

Talvez conviesse considerá-los versos octossilábicos, e portanto de importação estrangeira, pois o fato de os trovadores se utilizarem do redondilho agudo e grave simultaneamente faz-nos pensar que não confundiam os dois metros – o redondilho e o octossílabo. Veja-se, por exemplo, este fragmento de um dos mais antigos trovadores, D. Garcia Mendes d'Eixo:

> *Levaron na codorniz*
> *de caas de don Rodrigo* (CBN 374).

Nas cantigas satíricas, de escárnio e maldizer, o redondilho maior aparece com muita freqüência, bem como nos cantares d'amigo mais antigos; com a infiltração dos metros cultos provençais e franceses, o redondilho cedeu à competição – o decassílabo, por exemplo, superou-o consideravelmente;

38

mas, no fim do movimento trovadoresco (meados do século XIV), o redondilho readquiriu o seu prestígio primitivo. É assim que se explica a sua grande voga na poesia de forma popular dos séculos XV e XVI, denominada *redondilha* (vilancete, glosa, cantiga)[3].

Ainda que este metro possa ser considerado um metro peninsular ibérico por excelência, não podemos negar que a lírica dos trovadores e troveiros o conhecesse: Le Gentil admite um equivalente do metro em questão não só na poesia de Guilherme IX e principalmente na poesia de Gâce Brulé, mas em muitas pastorelas e canções com refrão. A canção popular francesa o cultivou largamente no século XV, sob a forma 7 f/m; e não foi menos freqüente nas *ballettes* e nos *virelais* do *Cancioneiro de Oxford*, nas *dansas* provençais e até nas canções *balladées* de Guillaume de Machaut[4].

---

3. Nós não confundimos os dois termos – *redondilho* e *redondilha*: reservamos a forma feminina para designar um tipo estrófico, isto é, os poemas de *forma redonda*, que são os poemas de mote glosado, cuja estrutura se caracteriza por um constante retorno do elemento final da estrofe (a *cauda* ou *volta*) ao argumento da composição (o *mote*). Fazemos justiça lembrando que apenas Bluteau, entre os dicionaristas da língua portuguesa, distingue as duas formas no seu significado.

Sobre o *redondilho* ainda, e especialmente acerca de suas origens litúrgicas, ver R. Lapa, *Das Origens...* pp. 295-311.

4. Ver, do autor, *La poésie lyrique espagnole et portugaise à la fin du moyen âge*, II, pp. 359-360.

O OCTOSSÍLABO

Na poesia francesa a sucessão histórica dos versos mais antigos foi: o *octossílabo*, depois o *decassílabo* e em seguida o *alexandrino*; o verso de onze sílabas (*hendecassílabo*) também é muito antigo, aparecendo já na poesia lírica francesa e provençal do século XII. Os demais metros, o de quinze sílabas, e o mais longo deles, o de dezesseis, bem como os de treze e catorze, tiveram um emprego muito limitado. Relativamente ao verso de nove sílabas (*eneassílabo*), de uso restrito também, as *Leys d'Amors* chegaram a proscrevê-lo pela sua cadência desagradável. O verso octossilábico, porém, corresponde ao redondilho hispânico pela sua universalidade, assimilado como foi por todos os gêneros e formas poéticas, conseguindo manter em toda a Idade Média uma vitalidade extraordinária. Tido como originário do trímetro jâmbico latino, faz ele a sua aparição na segunda metade do século X na França (*Passion* e *Saint Léger*),

❖ Segismundo Spina ❖

no século XII na Provença (nos poemas espirituais *Chanson de Sainte Foi d'Agen, Voyage de Saint Brendan*). Quase todas as formas literárias da Baixa Idade Média se serviram desse metro, inclusive a poesia épica (*Fragment d'Alexandre* e *Gormund et Isembard*, os únicos entretanto); o romance bretão primitivo, o romance cortês, os *lais* de Marie de France, as narrativas versificadas, a poesia didática, a poesia lírica, se servem do metro octossilábico; a literatura dramática também o assimilou; desde cedo os *fabliaux* o elegeram o seu metro preferido; nos séculos XII-XIII vemo-lo no *Roman de Renard* e no *Roman de la Rose*; no século XIV é largamente empregado pelos poetas da nova retórica, Guillaume de Machaut e Eustache Deschamps; no século XV entra em competição com o próprio decassílabo e se torna o metro favorito de François Villon.

Desde a sua aparição, no octossílabo tendeu a predominar a acentuação na 4ª sílaba:

> *Christus Ihesus den s'en leved,*
> *Gehsesmani vil'es n'anez.*
> *toz sos fidels seder rovet,*
> *avan orar sols en amet*
> (*Passion du Christ*, vv. 1-4).

> *Enviz lo fist, non voluntiers,*
> *laisse l'intrar in u monstier.*
> (*Saint Léger*, vv. 97-98).

❖ MANUAL DE VERSIFICAÇÃO ROMÂNICA MEDIEVAL ❖

En pargamen nol vid escrit
ne per parabla non fu dit
del temps novel ne del antic,
nuls hom vidist un rey tan ric…
  (*Fragment d'Alexandre*, vv. 9-12).

ja me ravrez a cumpaignon,
e me verrez par is campon
criant l'enseigne al rei baron…
  (*Gormund et Isembard*, vv. 19-21).

Ge te dirai de ses dolors,
de sa nature que g'en sai
  (Chrétien de Troyes, *Roman d'Enéas*, vv. 46-47).

Robichonet au vert chapel,
qui si tost vient a vostre apel,
avez vous terres a partir?
  (Jean de Meung, *Roman de la Rose*, vv. 175-177)[1].

Na Península Ibérica não encontrou fácil aclimatação: utilizado pelos trovadores – com a mesma cesura (4ª sílaba) –, cai em desuso a partir do século XIV; entre os séculos XV e XVIII vigeu apenas na poesia popular ou nos ritmos populares da poesia do Siglo de Oro; no século XIX os poetas ro-

---

1. *Apud* Karl Bartsch, *Chrestomathie de l'ancien français*, respect. pp. 7, 11, 13, 14-15, 93 e 253.

❖ Segismundo Spina ❖

mânticos espanhóis e portugueses (especialmente Castilho) tentaram a sua reabilitação, e no século XX é Rubén Darío seu grande cultor[2].

2. Ver R. Ureña, *La versificación irregular*, pp. 90-91, 187-199 e 240-245 acerca do verso *eneassílabo* (= octossílabo).

O DECASSÍLABO

É muito curiosa a trajetória histórica descrita por este verso desde o seu nascimento até aos nossos dias. Tendo feito a sua aparição pouco depois do verso octossilábico, isto é, em fins do século X ou princípios do século XI, o decassílabo encontrou um grande concorrente no metro alexandrino, ao longo da Idade Média e da própria poesia após a Renascença. Na literatura medieval o decassílabo apresenta-se sob as quatro modalidades seguintes quanto à cesura:

1ª: 4+6 – decassílabo denominado *a minori*;
2ª: 6+4 – *decassílabo a maiori*;
3ª: 3'+6 (quer dizer: acento na 3ª sílaba, mais uma átona, mais seis) – *decassílabo de cesura lírica*[1];
4ª: 5+5 – próprio da dança.

1. Convém lembrar que na versificação românica primitiva um verso não apresenta mais do que uma cesura; o mesmo sucede com a rima.

❖ Segismundo Spina ❖

O decassílabo surge no sul da França em fins do século X ou princípios do século XI, na pequena canção épica em provençal *Boèce*:

> *Bel sun li drap que la donne vestit*
> *De caritat e de fe sun bastit.*
> *Il sun ta bel, ta blanc e ta quandi,*
> *Tant a Boecis lo vis esvanuit...*[2]

Na Itália este metro faz a sua aparição na primeira metade do século XII. Entretanto, como a *Inscrição de Ferrara*, que é do ano de 1135, já apresenta o decassílabo sob três modalidades de cesura (6'+3', 4+6', 6+4'), é de supor que o verso remontasse a uma época bem anterior:

> *Li mile cento trenta cenque nato*
> *fo questo tenplo a San Gogio donato*
> *da Glelmo ciptadin per so amore,*
> *e mea fo l'opera Nicolao scolptore.*

Logo depois reaparece ele, em francês, na *Vie de Saint Alexis*, infiltrando-se a seguir na poesia épica, desde a *Chanson de Roland*; o seu prestígio, porém, entra em declínio depois de dois séculos, e em fins do século XII já o vemos em concorrência com o alexandrino, que procura suplantá-lo, na

---

2. K. Bartsch, *Chrestomathie provençale, apud* Menéndez Pelayo, *Antologia...*, X, p. 161.

❖ MANUAL DE VERSIFICAÇÃO ROMÂNICA MEDIEVAL ❖

poesia épica; só nos séculos XIV e XV readquire a sua primitiva predileção, tornando-se tão largamente empregado a ponto de ter sido chamado o *vers commun*. Nessa época foi muito cultivado pelos poetas da *nouvelle rhétorique*, nos seus poemas de forma fixa, tornando-se até o metro obrigatório do *chant royal* e do *sirventês*. Apenas em Christine de Pisan é que o metro octossilábico prepondera sobre o decassílabo. Com o Renascimento, porém, entra pela segunda vez em declínio, suplantado novamente pelo alexandrino.

Na Itália o decassílabo tornou-se o metro preferido pelos poetas da escola siciliana, na primeira metade do século XIII, vitalidade que conseguiu manter, passando por Dante, Petrarca, Sannazzaro, até chegar ao Renascimento, numa ascensão triunfante.

Entre os trovadores provençais, não teve esse metro acolhida nos da primeira geração: Guilherme IX e Jaufre Rudel não se utilizaram dele, e só excepcionalmente aparece em Marcabru (que o emprega pela primeira vez) e em Cercamon. Somente a partir de Bernard de Ventadorn é que o decassílabo se torna um dos metros mais preferidos pelos trovadores.

A cesura mais freqüente do decassílabo foi sempre aquela que ocorre após a 4ª sílaba acentuada; a cesura 6+4 foi pouco empregada, e num mesmo poema épico as duas cesuras nunca se misturam. Entretanto, o verso cesurado depois da 4ª sílaba é também muito antigo, pois já aparece desde fins do século XII

❖ Segismundo Spina ❖

no cantar de gesta provençal *Girard de Rossillon*; e nos meados do século XII, na paródia da canção de gesta intitulada *Audigier*, e em parte no romance *Aiol*, também da mesma época.

Na poesia épica o decassílabo aparece freqüentemente sob a forma 4+6 antes do século XII; só depois assimila a forma 6+4; a poesia lírica fixou inicialmente a forma 4+6; a partir de meados do século XIII surge na Provença o decassílabo de forma 3'+6, tornando-se então freqüente em toda a França[3].

Na poesia galego-portuguesa, consoante conclusões a que chegou Leodegário Amarante – com base num minucioso estudo acerca do decassílabo em toda a produção poética de Garcia de Guilhade – o verso decassílabo oferece preferentemente a forma 4+6, sob as diferentes modalidades (4'+5', 4'+5, 4+5'; 4+6' e 4+6). De procedência provençal, encontramos também o decassílabo de cesura 3'+ 6 e 3'+ 6', com a variante 3+7, bem como o de tipo heróico 6+4 (ou 6'+3) e os decassílabos (para nós impropriamente chamados de *arte maior*) 5+5 (5'+5', 5'+4 e 4'+4'), sendo que este último apresenta apenas nove sílabas; pela *lei de Mussafia*, porém, considera-se um decassílabo[4].

---

3. Cf. M. Burger, *Recherches...*, p. 25.

4. Ver, de Leodegário Amarante, *O Verso Decassílabo em Português,* pp. 75-76. A propósito da *lei de Mussafia,* consulte, do metricista vienense Adolfo Mussafia, *Sull'antica metrica portoghese, osservazioni* (Viena, 1895), onde estuda a dupla lei da isometria das estrofes, baseada nas exigências da melodia

❖ MANUAL DE VERSIFICAÇÃO ROMÂNICA MEDIEVAL ❖

Os decassílabos de tipo 4+6 e 6+4 surgem freqüentemente associados aos decassílabos de forma 3'+6.

Na Espanha o decassílabo foi um metro de aparição tardia, pois o primeiro a empregá-lo, sob a forma 4'+5', foi o cronista Pero López de Ayala em seu poema do *Rimado de Palacio* sobre o cisma do Ocidente (1378) e no poema 518 do *Cancioneiro de Baena* – uma resposta a espinhosa pergunta formulada por Sánchez Talavera (CB 517). Todavia, antes do Canciller Ayala, já D. Juan Manuel (primeira metade do século XIV) o empregava com certa freqüência no seu *Libro de Patronio* ou *Conde de Lucanor*. A primazia de Ayala se explica apenas pelo fato de a tradição manuscrita do poema de Juan Manuel ser defeituosa. Vejam-se, por exemplo, versos como estes:

> *Ganará de tal salto un ome el cielo*
> *si a Dios obedeciere alá en el suelo.*

> *Non aventures mucho tu riqueça*
> *por consejo del ome que ha pobreça.*

> *Non te espantes por cosa sin razón,*
> *mas defiéndete bien como varón.*

musical e na contagem aritmética das sílabas do verso. Nesse caso, um verso de tipo 4'+ 4' apresenta dez sílabas, e o ritmo musical supriria então o ritmo poético do verso.

❖ Segismundo Spina ❖

Por falso dicho de ome mentiroso
no pierdas el amigo provechoso⁵.

Na altura do século XIV e primeira metade do século XV o verso decassílabo entra em moda com os poetas da corte, agora porém no seu ritmo anapéstico de arte maior – como veremos adiante.

Embora Pierre Le Gentil declare que da leitura dos trabalhos de Hannssen, Menéndez Pelayo, Carolina Michaëlis, Rodrigues Lapa e Henríquez Ureña acerca das origens do verso de *arte maior* a impressão que se sente é a de confusão, somos de parecer que as considerações de Rodrigues Lapa sobre esse metro são muito claras – ainda que pareçam simplistas perante as minuciosas e complicadas controvérsias que o problema suscita⁶. Em alguns tratadistas da questão não raro a especiosidade da análise descamba para o malabarismo. Lapa deve estar com a razão quando define o metro de *arte maior* partindo da existência de dois tipos, ambos vigentes "nos velhos cancioneiros e até, no século XV, numa mesma composição poética: o hendecassílabo, acentuado na 5ª e 8ª e o decassílabo, na 4ª e 7ª. As duas medidas diferentes identificavam-se pelo ritmo anapéstico, perfeitamente regular em ambas"⁷. Somos

5. *Apud* Menéndez Pelayo, *Antologia...*, X, p. 172.
6. Cf. P. Le Gentil, *La poésie lyrique...*, II, p. 409.
7. *Das Origens...*, p. 312.

de opinião que o metro de arte maior não tem contagem silábica definida; trata-se, acima de tudo, de uma modalidade rítmica, de natureza anapéstica ou datílica. Daí explicar-se a grande flutuação silábica nos versos de arte maior, e na mesma composição poética. Suponhamos uma estrofe da canção de Julião Bolseiro:

> *Donna e senhor de grande valia*
> (nove sílabas, com acentuação na 1ª, 4ª, 6ª, 9ª);
> *Nom sei se cuidastes que tenho cuidado*
> (onze sílabas, com acentuação na 2ª, 5ª, 8ª e 11ª);
> *d'enojos feitos, mais bem juraria*
> (dez sílabas, com acentuação na 2ª, 4ª, 7ª e 10ª)
> etc.

Said Ali é de opinião que o decassílabo de arte maior (que ele denomina *hendecassílabo ibérico,* pois o seu sistema de contagem é o feminino) pode apresentar dois tipos conforme tenha ocorrido catalexe na sílaba em anacruse do primeiro hemistíquio ou na sílaba final do mesmo hemistíquio ou ainda catalexe da sílaba inicial do hemistíquio seguinte de um verso de onze sílabas (contadas até à última tônica). Assim, de um verso hendecassílabo de arte maior, poderia sair um decassílabo de 1º tipo (— ∪∪ — ∪∪ — ∪∪ ∠ ∪) com a omissão da sílaba fraca (em anacruse):

$$(\cup) - \cup\cup - \cup\cup | - \cup\cup \overset{\angle}{} \cup;$$
(anacruse)
  catalexe

e um decassílabo de 2º tipo ($\cup - \cup\cup - \cup - \cup\cup \overset{\angle}{} \cup$) com a omissão da última sílaba fraca do primeiro hemistíquio:

$$\cup - \cup\cup - \cup\cup | - \cup\cup \overset{\angle}{} \cup$$
  catalexe

(Para o Autor a omissão da primeira sílaba do segundo hemistíquio era mais rara.) O decassílabo de arte maior, então, como surge de uma estrutura de ritmo anapéstico, pode, consoante o enfraquecimento e catalexe de uma sílaba fraca no início ou no interior do verso hendecassilábico, assumir os dois tipos:

a) $\overset{\angle}{} \cup\cup \overset{\angle}{} \cup\cup \overset{\angle}{} \cup\cup \overset{\angle}{} \cup$ (1ª, 4ª, 7ª e 10ª).
b) $\cup \overset{\angle}{} \cup\cup \overset{\angle}{} \cup \overset{\angle}{} \cup\cup \overset{\angle}{} \cup$ (2ª, 5ª, 7ª e 10ª).

Said Ali exemplifica com estes versos de Gil Vicente:

> 1º tipo:
> *Como dormia debaixo da lousa;*
> ....
> *Junto do termo de Vila Real;*
> ....
> *Fazem as compras na feira de Deus.*
>   etc.

❖ MANUAL DE VERSIFICAÇÃO ROMÂNICA MEDIEVAL ❖

> 2º tipo:
>
> *O sol escurece, e a terra tremeu,*
> . . . .
> *Aqui achareis as chaves dos céus;*
> . . . .
> *Não vinha a fartar os campos de mel.*
> etc.[8]

A nosso ver, os versos *de arte maior* (nove, dez, onze sílabas) nascem, não deste ou daquele metro, mas do predomínio de estruturas rítmicas anapésticas ou datílicas. Dessa forma, um decassílabo de arte maior poderia assumir, além dos dois tipos previstos por Said Ali, mais dois outros: um com sílaba em anacruse (4^a, 7^a e 10^a):

∪ | ∪∪ ∠ ∪∪∠∪∪ ∠ ∪;

anacruse

e outro do tipo ∪ ∠ ∪ ∠ ∪∪∠ ∪∪ ∠ ∪ (2^a, 4^a, 7^a e 10^a).

O único acento verdadeiramente fixo no decassílabo de arte maior seria portanto o da 7ª sílaba; uma outra condição indispensável consistiria em apresentar no mínimo dois e no máximo três segmentos anapésticos (∪∪ —). Assim, por exemplo, nestes três versos de Pero d'Ambroa:

> *Os beesteiros daquesta fronteira*
> *pero que cuidam que tiram mui ben,*
> *quero-lhis eu conselhar ua ren*
> (Lapa, *Cantigas d'escárnio...*, p. 328).

---

8. Cf. *Versificação Portuguesa*, pp. 42-50.

❖ Segismundo Spina ❖

os dois últimos versos exemplificam o decassílabo de 1º tipo (acentuação nas 1ª, 4ª, 7ª e 10ª) e o primeiro verso exemplificaria o decassílabo de 3º tipo (4ª, 7ª e 10ª). Estes três versos de um cantar d'amigo de Joan Airas de Santiago ilustrariam, os dois últimos, o 2º tipo e o primeiro, o 3º tipo:

> *Ca, meu amigo, falei hua vez*
> *con vosco, por vos de morte guarir*
> *e fostes-vos vós de min enfingir* (CV 616);

e estes dois versos de um cantar de D. Fernan Rodrigues de Calheiros seriam exemplos do decassílabo do 4º tipo (2ª, 4ª, 7ª e 10ª):

> *Perdud'ei, madre, cuid'eu, meu amigo;*
> *macar m'el viu, sol non quis falar migo.* (CV 684).

Ao decassílabo de arte maior também se dá o nome de *decassílabo de gaita galega*, pois as *muiñeras* (canções de moinho) eram executadas com um acompanhamento de gaita de foles, e os metros de que se serviam passaram a denominar-se *versos de gaita galega* (versos acentuais, de nove, dez ou onze sílabas, com ritmo anapéstico ou datílico conforme o tipo). O metro de arte maior tornou-se o metro por excelência da poesia culta do século XV em toda a Península, e na poesia popular galega permanece até hoje, ao contrário do que sucedeu em Portugal, onde esse metro deixou praticamente de existir[9].

Como já dissemos atrás, consideramos os decassílabos de tipo 5+5 impropriamente denominados *de arte maior*: neles não se observam os ritmos anapésticos ou datílicos que caracterizam o metro; tampouco apresentam acentuação na 7ª sílaba. Rodrigues Lapa não aceitava como exato dizer-se que o verso de arte maior, como sustentava Stengel (*Rorn. Verslehre*, parágrafo 74), "é o decassílabo, com acento na 5ª sílaba"[10]; e chama atenção ainda para o fato de o grande musicógrafo galego Ramón de Arana observar que "as melodias favoritas da gaita galega se ajustam ao movimento do decassílabo anapéstico, com acento nas 4ª e 7ª sílabas"[11], acentuação esta que ocorre com freqüência nos cantares d'amigo cultos, isto é, não paralelísticos.

O que se observa nos quatro tipos de decassílabos até agora vistos (1ª, 4ª, 7ª e 10ª; 2ª, 4ª, 7ª e 10ª; 2ª, 5ª, 7ª e 10ª; 4ª, 7ª e 10ª) é a predominância de uma 7ª sílaba acentuada, isto é, a existência de duas átonas entre a 7ª e a 10ª sílabas. No entanto, um tipo de decassílabo há com um aparente ritmo de arte maior, em que a tônica incide na 5ª e na 8ª sílabas – à seme-

---

9. Lapa, *Das Origens...*, p. 311.
10. *Idem*, p. 313.
11. *Idem,* p. 314.

❖ Segismundo Spina ❖

lhança do *hendecassílabo de arte maior*. O verso inicial da deliciosa cantiga d'amigo de D. Dinis exemplifica:

> *Ay flores, ay flores, do verde piño,*

cujo esquema é: ∪ ‿́ ∪∪ ‿́ ∪/∪ ‿́ ∪ ‿́ (isto é, 2ª, 5ª, 8ª e 10ª). Parece-nos uma forma bastarda do ritmo de arte maior (pois melodicamente o segundo hemistíquio é formado de dois jambos, e o primeiro hemistíquio apresenta uma estrutura datílica imperfeita). Daí preferirmos considerá-lo simplesmente um decassílabo de tipo 5 + 5; veja-se o verso seguinte:

> *se sabedes novas de meu amigo,*

em que a tônica predominante incide sobre a 5ª sílaba. Ora, o que caracteriza este metro é a sua acentuação obrigatória na 5ª sílaba; os outros acentos são secundários[12]. Convém lem-

---

12. Autores há – entre eles o próprio Cavalcante Proença (*Ritmo e Poesia*, pp. 55 e 60-61) – que consideram o verso camoniano "Que da ocidental praia lusitana" como um metro desse tipo. A pausa no adjetivo *ocidental* não se coaduna com a sintaxe do verso (ninguém diria, por exemplo, a grande | *terra portuguesa*, mas *a grande terra* | *portuguesa*, ou simplesmente sem a pausa); a cesura deve fazer-se na palavra *praia*, e assim teremos normalmente o decassílabo heróico. O verso que se enquadra nesse tipo é o 3º da estrofe 77 do Canto V: "Dizem que por naus que em grandeza igualam" (5+5). O mesmo sucede com o verso 1 da estrofe 82 do Canto V: "Apodrecia cum fétido e bruto". O verso 2º da estrofe 19 do Canto VII – "Sai da larga terra hua

brar que, com exceção de Lapa, todos os tratadistas do verso de arte maior (desde Morel-Fatio e Foulché-Delbosc até Michel Burger) consideram o decassílabo de cesura na 5ª como de arte maior. Não entendemos, por exemplo, como os versos da pastorela de Pedramigo de Sevilha (CV 689) possam ser considerados decassílabos de arte maior:

> *Se non agora; nem vos filharia;*
> ....
> *Meu amigo e dõas que me tragia,*

apontados como tais por Michel Burger[13]. Sabemos que o ritmo musical prepondera sobre o ritmo intelectual do verso, modificando-lhe, às vezes, a própria acentuação gramatical; mas até onde essa influência se possa comprovar, tratando-se de poesia do século XII ou XIII, não é de fácil verificação. No caso, por exemplo, do verso atrás mencionado ("se non agora; nem vos filharia") precisaríamos considerar sílaba tônica o pronome áto-

---

longa ponta" – ou está errado (como afirmava Agostinho de Macedo na *Censura das Luzíadas*), ou seria também um decassílabo do tipo 5+5; nesse caso, a pausa da 5ª sílaba absorveria a sílaba *hu* como se fora átona:

Sai | da | lar- | ga | te- | rr'hu- | a | lon- | ga | pon- | ta.

A propósito destas duas classificações do verso camoniano, ver a nossa polêmica mantida com o Prof. Celso Cunha, reproduzida em nosso recente trabalho *Estudos de Literatura, Filologia e História* (2002), pp. 393-426, bem como artigo do Prof. Sílvio Elia, "O Verso Românico", publicado no mesmo trabalho nosso, pp. 427-438.

13. Cf. *Recherches...*, p. 42.

❖ Segismundo Spina ❖

no complementar *vos* – se pretendêssemos vislumbrar nesse verso um ritmo de arte maior. Sucede que nem sempre também o verso de arte maior esteve associado à música – como é o caso do *Laberinto* de Juan de Mena: como tudo indica que o poema não foi cantado, toda a explicação de Morel-Fatio acerca do verso de arte maior utilizado pelo poeta espanhol ficou praticamente condenada. A modificação de uma sílaba tônica por injunções de ordem musical não seria tolerável em quase todos os versos da composição; numa seqüência de versos de arte maior, talvez pudéssemos explicar por condições da melodia musical um verso ou outro que foneticamente fugisse da estrutura anapéstica ou datílica típica do ritmo de arte maior.

Relativamente ao metro decassilábico pós-medieval, diz sumária e lapidarmente Leodegário Amarante que

[...] a única novidade introduzida pelo Renascimento [...] é a eliminação gradativa das formas coincidentes com o verso de arte maior, que se transformou no verso hendecassílabo moderno, e regularização das formas com acento tônico na 6ª e 10ª (*heróico*) e 4ª, 8ª e 10ª (*sáfico*), a última comportando variantes. O que distingue o 2º tipo, com acento na 4ª e 8ª, do primeiro, com acento na 6ª, é precisamente a ausência de tonicidade na 6ª sílaba, mesmo em certos casos em que esta aparece com acento prosódico, mas não com acento rítmico. O decassílabo anapéstico, igualmente, tende a desaparecer[14].

14. Cf. *O Verso Decassílabo em Português*, p. 62. Quando o Autor diz que o

A substituição dos decassílabos de tradição ibérica ou de influência franco-provençal pelo metro italiano à moda petrarquista – que acentuava o verso nas sílabas pares – foi na Espanha um processo lento e acabou por tornar-se um propósito deliberado: Juan Boscán tentou realizar a sua poesia no metro italiano, aconselhado que foi pelo humanista Andrea Navagiero, num encontro que tiveram em Granada (como o próprio poeta nos narra)[15]. Quando Boscán escreveu os seus sonetos e canções no metro italiano, Cristóbal del Castillejo censurou-o porque em sua *Carta à Duquesa de Soma*, publicada como introdução ao livro II de suas poesias, Boscán se orgulhava de que ninguém até ele houvesse praticado tal metro. Ora, antes de Boscán já se conhecia na Península o verso decassílabo, mas não cesurado à maneira toscana; Castillejo, entretanto, sabia dessa distinção, mas fazia notar que no *Laberinto de Fortuna* de Juan de Mena muitos versos havia que, por motivos de ordem métrica ou talvez musical, apresentavam a estrutura melódica do decassílabo petrarquista. Mas, ainda que os encontremos em D. Juan Manuel – como vimos – e algumas vezes na poesia de Juan de Mena, o decassílabo italiano só

verso de arte maior se transformou no hendecassílabo moderno, quer-nos parecer que se refere ao verso medieval de onze sílabas, com acentos na 2ª, 5ª, 8ª e 11ª, que foi reabilitado pelos poetas românticos portugueses e brasileiros.

15. Ver José María Cossío, "Las formas y el espíritu italianos en la poesía española", em *Historia general de las literaturas hispánicas*, II, p. 493.

se torna um metro conscientemente imitado por Micer Francisco Imperial e pelo Marquês de Santillana (nos seus "Sonetos fechos al itálico modo"). Boscán apenas tornou o seu uso sistemático, libertando-o de combinações métricas como faziam esses poetas do Pré-Renascimento[16].

Em Portugal atribui-se a Sá de Miranda a renovação do decassílabo peninsular, substituído pelo metro correspondente italiano de acentuação na 4ª, 8ª e 10ª, e 6ª e 10ª. Todavia, o poeta deve ter sentido certa dificuldade na prática regular do metro adventício, que vez por outra aparece perturbado pela presença do decassílabo tradicional anapéstico, com acentuação na 4ª, 7ª e 10ª. O seu soneto "O Sol é Grande" é testemunho desse domínio imperfeito do metro importado, ou dos compromissos que sempre manteve com as raízes da tradição poética peninsular. Vejam-se versos como estes do conhecido soneto mirandino:

> 6ª e 10ª:
> *Do tempo em tal sazão, que soe ser fria;*
> ....
> *E tudo o mais renova, isto he sem cura.*

16. Diz Cossío, naturalmente baseado em Pelayo: "Santillana tenía conciencia del camino nuevo que emprendía, y si bien sus lecturas constantes de Ausias March y de Mosen Jordi se patentizan en la influencia del endecasílabo catalán, puede afirmarse que él fué el primero que tuvo conciencia verdadera del ritmo toscano, y que aunque el ensayo era prematuro, y el

MANUAL DE VERSIFICAÇÃO ROMÂNICA MEDIEVAL

4ª, 8ª e 10ª:
O sol he grande, caem co a alma as aves;
. . . .
Do sono não mas de cuidados graves.

4ª, 7ª e 10ª:
As aves todas cantavam d'amores;
. . . .
Passão os tempos, vae dia tras dia;
. . . .
Vi tantas agoas, vi tanta verdura.

Estes três últimos versos, que reproduzem o esquema já estudado ∪∪∪ ⸌ ∪∪ ⸌ ∪∪ ⸌ ∪, são verdadeiros decassílabos anapésticos com a sílaba inicial em anacruse.

O desconhecimento não só da poesia de D. Dinis mas ainda dos tipos métricos tradicionais levou Faria e Sousa, nos seus comentários às rimas camonianas, a dizer que o decassílabo era muito antigo na Península, remontando a D. Dinis; com isso acreditava que os italianos é que teriam imitado esse metro dos trovadores ibéricos... Bem, Dante nascera três ou quatro anos [*sic*] depois de D. Dinis...[17].

---

idioma y la métrica no admitían dócilmente tales atrevidas pruebas, el empeño era digno de tan gran poeta, y, si le faltó acierto y ambiente, le sobró ambiciosa osadía" (*Idem*, p. 492).

17. *Rimas Várias de Luis de Camoens*, I, §§ 2 a 13.

O HENDECASSÍLABO

O verso de onze sílabas, de ritmo anapéstico, a que nos acaba-mos de referir, tem a sua ancianidade nos cancioneiros galego-portugueses, como se vê destas deliciosas paralelísticas de Estevam Coelho, cuja acentuação se faz nas 2ª, 5ª, 8ª e 11ª sílabas:

> *Sedia la fremosa seu sirgo torcendo,*
> *sa voz manselinha fremoso dizendo*
> etc. (CV 321)[1];

aparece, não sozinho, nas *Cantigas de Santa Maria* de Afonso X, e no século XV ingressa na poesia culta pelas mãos de Juan de Mena em seu *El Laberinto de Fortuna*. É bem possível que

---

1. A respeito das origens da copla de arte maior, consulte o interessante artigo de Giuseppe Tavani, "Considerazioni sulle origini dell' 'arte mayor'" (*Cultura neolatina*, Modena, XXV, 1965, fasc. 1-2, pp. 15-33), em que examina as opiniões dos estudiosos sobre o assunto.

a ressonância do poema alegórico de Juan de Mena chegasse até ao cronista português do Renascimento, João de Barros, que, na sua tentativa de elaborar um poema épico, se utilizou dos metros de arte maior nas estrofes que recheiam a *Crônica do Imperador Clarimundo*, associando portanto o eneassílabo, o decassílabo e o hendecassílabo:

> *Agora, agora em feitos maiores,*
> *Dobrada, Senhor, me dá tua ajuda,*
> *Pois minha língua se turva, e se muda*
> *Nas obras que vejo de tantos louvores.*
>   etc. (Livro III, cap. 4º).

Juan de Mena, ainda que tivesse acuidade auditiva superior à do Cronista, também associava os metros de arte maior no seu poema:

> *Tú, Calïope, me sey favorable,*
> *dándome alas de don virtuoso,*
> *porque discurra por donde non oso;*
> *conbida mi lengua con algo que fable;*
>   etc. (estrofe III, vv. 1-4, ed. Blecua).

Os poetas do *Cancioneiro Geral* de Garcia de Resende (1516) usam do metro com muita segurança, mas reservam-no para os assuntos graves e heróicos (ver, por exemplo, as trovas de Luis Anriques, III, 91, 93).

❖ MANUAL DE VERSIFICAÇÃO ROMÂNICA MEDIEVAL ❖

Fora do ritmo de arte maior, o hendecassílabo é freqüente nos cancioneiros galego-portugueses, sendo que o tipo 5+6 é mais corrente que os tipos 6+5 e 4+7:

> 5 + 6:
> *Falar e vos viron estes olhos meus;*
> ....
> *Faredes mesura contra mi senhor.* (CV 176);

> 6+5:
> *Guisade de nos irmos, por Deus, d'aqui;*
> ....
> *Matades vós, amigu', e matades mi* (CV 190);

> 4+7:
> *En grave dia, senhor, que vos vi;*
> ....
> *Dized', amigo, que poss'eu fazer i* (CV 176).

O hendecassílabo já aparece em provençal e no velho francês, mas normalmente associado a outros metros mais curtos (de seis ou sete sílabas) ou também freqüentemente ao verso de quinze sílabas. Guilherme IX, o primeiro dos trovadores, já o emprega, e Bartsch chegou a pensar numa origem céltica deste verso lírico[2]. A acentuação predominante incide na 7ª sílaba (feminina ou masculina, isto é: 7+4 ou 7'+3). Assim esta estrofe de Guilherme IX:

2. Ver G. Lote, *Histoire du vers français*, II, p. 57.

❖ Segismundo Spina ❖

> *Compaigno non puosc mudar qu'eo no m'effrei*
> *De novellas qu'ai auzidas e que vei*
> *qu'una domna s'es clamada de sos gardadors a mei.*
> (Ed. de Riquer, c. 2).

Algumas vezes o hendecassílabo pode apresentar uma cesura épica, isto é, uma sílaba pós-tônica que não conta:

> *Las, pourquoi me fait da bél(le) – tel mal sentir?*[3]

O hendecassílabo na poesia portuguesa assume freqüentemente a forma 5'+5 ou 5+6, 4'+6 ou 6'+4; as formas 7'+3 ou 7+4 apresentam emprego limitado:

> 5'+5:
> *Assanhou-se, madr', o que mi quer gran ben*
> (CV 860);

> 5+6:
> *E guardar de mal cada que lhe prouguer*
> *Ben como guardou hua pobre moller*
> (*Cantigas de Santa Maria*, 86).

> 4'+6: esta estrofe de um cantar d'amor de Fernan
> Gonçalves de Seabra:
> *Sazon sei ora, fremosa mia senhor,*
> *Que eu avia de viver gran sabor;*

---

3. *Apud* A. Jeanroy, *Les origines...*, p. 343.

(5+6):

Mais sõo por vos tan coitado d'amor
que me faz ora mia morte desejar
(CA 218):

Burger considera "aberrante" este tipo 4'+6 na lírica luso-galaica, embora pondere que o hendecassílabo português apresenta uma grande liberdade na colocação da cesura. O autor é de opinião que o verso de onze sílabas, nesta faixa da Península, é um verso em que a 5ª sílaba é acentuada. E tomando como ponto de partida o hendecassílabo francês e provençal de um lado, o da poesia galego-portuguesa de outro, Burger chega à conclusão de que o verso românico de onze sílabas é um verso de cesura móvel, com as formas essenciais seguintes:

1. no velho francês e provençal:
   1 2 3 4 5 6 7́ / 8 / 9 10 11́~
2. na poesia galego-portuguesa:
   1 2 3 4 5́ / 6 / 7 8 9 10 11́~[4]

---

4. Cf. *Recherches…*, pp. 58-60.

O ALEXANDRINO

Ainda que a designação de "alexandrino" para o verso de doze sílabas com cesura depois da 6ª tenha surgido no século XV, tal metro é antiquíssimo na França do norte (onde aparece pela primeira vez na *Pèlerinage de Charlemagne*) e na Provença (como metro da fragmentária *Chanson d'Antioche*), ambos poemas, o primeiro de fins do século XI ou princípios do século XII; o segundo, de fins do século XII[1]. Freqüente desde cedo na poesia épica francesa, nunca foi um metro preferido pelos poetas do Sul. Nasceu, portanto, como metro épico; nele é composto o *Roman d'Alexandre* (terminado em fins do século XII), o *Roman de Rou* (iniciado em 1160) e a *Vie de Saint Thomas* de Guernes de Point Sainte-Maxence, em estrofes

---

1. *A Chanson d'Antioche* é dos fins do século XII; a *Pèlerinage de Charlemagne* não pode ser datada com precisão, mas deve ter sido composta entre a *Vie de Saint Alexis* e a *Chanson de Roland* (1040-1100).

❖ Segismundo Spina ❖

monórrimas de cinco versos[2]. Logo em fins do século XII deriva para a poesia didática, para a poesia lírica e até para a poesia dramática. Dado o seu caráter solene, majestoso, o metro alexandrino na poesia lírica aparece atenuado pela companhia de metros curtos; mas na poesia dramática foi utilizado para representar os discursos pomposos, majestáticos. Quase esquecido durante o século XIV e princípios do século XV por ter entrado em declínio a produção géstica, o alexandrino ressurge em meados do século XV, altura em que também aparece, entre os teóricos da "nova retórica" (Molinet, Pierre Fabri, Baudet Herenc), a designação de "alexandrino" pelo fato de estar nesse metro o poema de Alexandre. No século XVI, quando se publicam em 1560 as eruditas *Recherches de la France* do humanista Etienne Pasquier, a denominação de verso alexandrino já aparece envolvida pela errônea suposição de que os continuadores do *Roman d'Alexandre* (Lambert le Tort, Alexandre de Bernay, Pierre de Saint Cloud entre outros) haviam sido os inventores desse metro[3].

Não muito freqüente na poesia galego-portuguesa, todavia na Espanha a presença do alexandrino é tão antiga, a ponto de Ureña considerar arriscado supô-lo um metro de procedência francesa, "pues no hay pruebas de que este verso exis-

2. Cf. G. Lote, *op. cit.*, p. 54.
3. Suposição que ainda circula em alguns manuais de versificação.

ta en Francia antes que en España"[4]. Como, vimos, a *Pèlerinage de Charlemagne* atesta a anterioridade francesa do verso alexandrino. Vejamos alguns versos desta viagem de Carlos Magno a Jerusalém e a Constantinopla:

> *Franceis sont en la chambre, si ont vëut les liz.*
> *chascuns des doze pers i at ja le soen pris.*
> *li reis Hugue li Forz lor fait porter le vin.*
> *sages fut et membrez et pleins de maleviz.*
> *en la chambre voltice out un perron marbrin,*
> *desoz esteit chevez, s'i at un home mis[5],*

cuja regularidade rítmica e silábica é notável.

Ureña acredita que o influxo francês se tenha efetuado a partir da *cuaderna vía*, pois já em fins do século XII o alexandrino é atestado em composições líricas e dramáticas como o *Misterio de los Reyes Magos* e a *Disputa del alma y del cuerpo*. A ser assim, a influência francesa ter-se-ia verificado somente a partir da primeira metade do século XIII, época da produção poética de Gonçalo de Berceo, cujos *Milagres de Nuestra Señora* se encontram em alexandrinos dispostos em estrofes monórrimas de quatro versos:

---

4. Cf. *La versificación irregular...*, p. 18, nota 1.
5. *Apud* K. Bartsch, *Chrestomathie de l'ancien français*, p. 37.

❖ Segismundo Spina ❖

> *Estevan, un conseio te quiero aun dar,*
> *Estevan, es conseio que deves tu tomar.*
> *Mandote cada dia un salmo recitar.*
> *"Beati inmaculati", bien bueno de rezar.*
> (ed. A. G. Solalinde, X, 262).

Berceo pratica freqüentemente a "cesura épica" no verso; desta sorte, o alexandrino poderá ser um verso de doze a dezesseis sílabas, conforme terminem os hemistíquios:

a) por palavras oxítonas (doze sílabas):
   Laudar, magnificar, I *adorar e servir* (XXI, 543);
b) por palavras oxítonas e graves (treze sílabas):
   En manera de can I *firiendo colmelladas* (XX, 470);
c) por palavras graves (catorze sílabas, com "cesura épica"):
   Trovó en su rega(ço) I *la carta mal metida* (XXIV, 823);
d) por esdrúxula e grave (quinze sílabas, com "cesura épica"):
   Non cató al su mé(rito) I *nin a los sus peccados* (XVII, 394);

aliás, em Berceo a cesura épica com terminação esdrúxula é muito freqüente;

e) por esdrúxulas (dezesseis sílabas, com "cesura épica"): este verso é raríssimo. Veja-se este exemplo de López de Ayala em seu *Rimado de Palacio*:

> *Si el huérfano guardá(redes) | e viuda defenderedes*
> (256b, *apud* Burger, p. 48).

Não se trata, como parece à primeira vista, de um verso composto, isto é, resultante da associação de dois versos hexassilábicos; o ritmo peculiar do alexandrino só se percebe com a leitura dos dois hemistíquios. O acento predominante, ou, melhor, o único acento métrico é o que recai na 6ª sílaba.

Fenômeno curioso é o que ocorre na primitiva poesia italiana: no Norte da Itália verifica-se uma predominância do verso alexandrino de 1º hemistíquio *piano* ou *tronco* (grave ou agudo); no Sul é dominadora a preferência pelo alexandrino *sdrucciolo*. Francesco d'Ovidio chegou mesmo a pensar em dois focos de influência diferente: no Norte, o influxo da poesia gálica; no Sul, o da poesia grega e das colônias de Otranto[6]. O diálogo de Cielo d'Alcamo (*Il contrasto di Cielo d'Alcamo*), da escola siciliana (primeira metade do século XIII), tido como o primeiro documento literário da literatura italiana, apresenta com muita regularidade essa estrutura estrófica de um trístico alexandrino monórrimo (a lembrar, inclusive, a forma zejelesca da poesia moçárabe) seguido de um dístico decassilábico:

---

6. *Versificazione italiana*, p. 191.

❖ Segismundo Spina ❖

Rosa fresca aulentissima   c'appar'inver la state,
li donne ti disiano,   pulzelle e maritate,
trami[7] d'este focora   se t'este a bolontate.
   Per te non aio abento notte e dia,
   penzando pur di voi, madonna mia.
   (Ed. G. Lazzeri, p. 55)[8].

Entre os poetas galego-portugueses, ninguém observou ainda que o alexandrino ocorre especialmente nas cantigas paralelísticas. Nesta de D. Dinis, que usou do metro apenas uma vez:

   — De que morredes, filha, a do corpo velido?
   — Madre, moiro d'amor que mi deu meu amigo (CV 170);

ou esta de Nuno Fernandes Tourneol:

   — Dizede-m'ora, filha, por Santa Maria:
   qual é o voss'amigo que mi vos pedia? (CV 249).

João Coelho utilizou-se do metro num cantar d'amor, mas não de maestria; à maneira da cantilena de Cielo d'Alcamo, pratica o trístico monórrimo seguido de um refrão de pareados:

---

7. No Cód. Vat. 4823 *tragemi*; D'Ovidio propõe *trágimi*.

8. Ver a excelente análise e interpretação desta cantilena feita por Gerolamo Lazzeri, em De Sanctis, *Storia della letteratura italiana*, pp. 54-60.

> Vi eu viver coitados, mas nunca tan coitado
> viveu com'og' eu vivo, nen o viu ome nado
> des quando fui u fui. E aque vo'-lo recado
> de mui bon grado querria a un logar ir
> e nunca m'end'ar viir.
> (CA 164)

Curiosíssima é a cantiga de Pero Velho de Taveirós (CCB 112), cuja estrutura está mais próxima do *zéjel*: um trístico monórrimo como *fronte* seguido de uma volta que rima com o refrão (*aaab BB*):

> Par Deus, dona Maria, mia senhor ben-talhada,
> do ben que vus eu quero non entendedes nada,
> nen do mal, nen da coita, que eu por vos ei levada;
> e entend'eu mui ben o mal que mi queredes:
> O ben que vus eu quero, vos no'-no entendedes,
> e entend'eu e sei o mal que me queredes.
> (CA 392)

Quase o mesmo esquema reproduz a cantiga 418 do CA (CCB 278) de Rodrigueannes Redondo (*aaab AB*). O alexandrino surge, portanto, preferentemente nos cantares de refrão (ver outros exemplos: CA 429, de estrofação semelhante à de Rodrigueannes; a de Pero Mafaldo, CA 444 (*aaaBB*) etc.[9]

---

9. O emprego do verso alexandrino e as circunstâncias em que aparece na poesia galego-portuguesa estão a exigir um estudo especial.

❖ Segismundo Spina ❖

Afora o alexandrino, cuja característica consiste na cesura após a 6ª sílaba, ocorre ainda o verso dodecassilábico, que a nosso ver nada tem a ver com aquele metro; aqui a cesura não se efetua depois da 6ª sílaba, pois o ritmo é outro. Consideramos versos dodecassilábicos não alexandrinos estes do cantar d'amigo de João Servando:

> *Pois mi dizen do meu amigo ca i ven,*
> *madre velida e senhor, faredes ben...* (CV 739);

em algumas canções (como as duas de Nuneannes Cerzeo, CA 386 e CA 391, ou a de Airas Paes, CV 691) os dois metros aparecem associados: o alexandrino e o dodecassílabo. Georges Lote, que deparou com versos dodecassílabos com a tônica fora da 6ª sílaba, pensa de maneira diferente, isto é, que se trata do próprio metro alexandrino, *d'une facture très negligée*: com cesuras líricas, com *enjambements* ou com incidência da cesura no interior de uma palavra. Daí rejeitar a interpretação que dá A. Thomas (*Romania*, X, pp. 68 e ss.; XI, pp. 203 e ss.) da *Chirurgie de Roger de Parme*, traduzida por Raimon d'Avignon em versos provençais por volta de 1200. Diz Thomas que muitos dos versos empregados pelo autor da tradução são dodecassílabos desconhecidos da poesia francesa e provençal porque não vêm acentuados na 6ª sílaba, mas formados de partes desiguais, uma de quatro sílabas, outra de oito..., ora com cesura após a 4ª, ora após a 8ª. Alguns autores, como Anatole Boucherie, são de parecer que os versos de Raimon d'Avignon deviam dividir-se em três membros de quatro sílabas[10]. Continuamos dizendo que o mesmo fenômeno ocorre com o verso dodecassílabo luso-galego, também estranho, quanto à cesura, ao ritmo do verso alexandrino. É, como se vê, mais uma razão a atestar a necessidade urgente de um estudo sistemático desse metro na poesia medieval galego-portuguesa.

Afora estes metros, que ao longo da Baixa Idade Média tiveram uma vigência predominante e entre si disputaram a primazia neste gênero, nesta escola ou em determinada época, medidas mais longas foram utilizadas pela poesia românica com parcimônia e normalmente combinadas com metros mais curtos. Tais são os versos de treze, catorze, quinze e dezesseis sílabas. Medidas de uso esporádico, limitadas à poesia popular, tais metros aparecem – como dissemos – combinados com outros mais curtos, e são no mais das vezes susceptíveis de decomposição em metros menores. José Joaquim Nunes, ainda que certas composições líricas se apresentassem em quadras nos apógrafos, é de opinião que a sua forma primitiva devia ser em dísticos ou tercetos. Assim, por exemplo, este cantar de Pero d'Ardia:

---

10. Cf. G. Lote, *op. cit.*, I, pp. 214-215.

❖ Segismundo Spina ❖

Deu-lo sabe, coitada
vivo mais ca soia,
ca se foi meu amigo,
e ben vi, quando s'ia,
ca se perderia migo. (CV 711)[11]

formado de hexassílabos perfeitos, cuja forma primitiva devia ter sido (talvez em razão da rima):

Deu-lo sabe, coitada vivo mais ca soia,
ca se foi meu amigo, e ben vi, quando s'ia,
ca se perderia migo.
E dissera-lh'eu, ante que se de min quitasse,
que se veesse cedo e, se alá tardasse,
ca se perderia migo.
etc.[12]

Georges Lote, relativamente ao metro de dezesseis sílabas (o mais longo da poesia francesa), acha viável considerá-lo como formado da conjunção de dois versos de oito sílabas com o primeiro desprovido de rima. Tal verso ocorre raramente, e em especial no refrão das canções. Assim:

– Trop vous ài fait màus endurer, – dous amis, pardonés le moi.

---

11. Teófilo Braga, na sua edição do CV, adota a suposta forma original.

12. Muitos outros exemplares encontram-se nas mesmas condições (ver, por exemplo, CV 234, 726, 734, 744).

– En bele dame ai mis mon cuer, – mal ait ki s'en repentiroit[13].

Todavia, mais antigo do que este metro é o de quinze sílabas, também pertencente ao gênero lírico, formado de 7+8, e que aparece pela primeira vez em provençal com Guilherme IX (associado com o de onze sílabas). Tal combinação parece denunciar algum parentesco entre os dois metros: Alfred Jeanroy pensa num relacionamento dos dois com o tetrâmetro rítmico, pois ambos apresentam acentuação nas sílabas ímpares e divisão em dois membros desiguais[14]. Aliás Jeanroy é de opinião que tais metros "estão em desacordo com o caráter geral de nossa versificação [francesa], que era orientada pelo sistema de acentuação galo-românica para o movimento jâmbico"[15], isto é, para acentuação nas sílabas pares. Daí considerar o decassílabo o "mais nacional" de todos os versos franceses, pelo fato de sua acentuação predominante incidir na 4ª, ou 6ª e 10ª sílabas. Suponhamos esta estrofe de Guilherme IX, em que os dois metros (o de onze e o de quinze) comparecem juntos:

(7+4) *Compaigno non puosc mudar qu'eo no m'effrei*
(7+3) *De novellas qu'ai auzidas e que vei*

13. *Op. cit.*, I, p. 216.
14. Cf. *Origines…*, p. 349.
15. *Idem*, p. 348.

❖ Segismundo Spina ❖

(7+7) *Qu'una domna s'es clamada de sos gardadors a mei*[16].

Os versos de catorze e treze sílabas não eram recomendados pelas *Leys d'Amors*; de emprego muito restrito, tais versos podem ser considerados como exceções na versificação francesa[17]. O verso de catorze, raríssimo em francês e provençal, apresenta a cesura 7+7:

— *Et er tor mesclatz d'amor – ei de joi e de joven.*

Os versos de treze apresentam uma estrutura semelhante à dos de onze, isto é, uma cesura móvel após a 7ª sílaba acentuada (7+6 ou 7+5):

(7 +6') *He Huwes au blanc tabart vos ne l'enmoinres mie*
(7'+5') *Bien doit quellir violete qui par amours aime.*

Os raros exemplos desse metro na poesia italiana (*per cui vivo – piú pensivo – cha per Dio romita*) devem ser imitações francesas; na poesia galego-portuguesa é mais freqüente, e aparecem cesurados à maneira do velho francês: 7+6. Asim estes dois exemplares:

---

16. Guilherme IX empregou este tipo estrófico em três de suas composições; Marcabru também usou dele, mas com rimas interiores.

17. Cf. G. Lote, *op. cit.*, II, p. 54.

> *Sa terra e foi fazer en Portugal morada*
> *agua do mar, u cuidou a viver sen baralla.*
> (*Cantigas de Santa Maria*, 95, vv. 4 e 8).

Com exceção do verso 7º, todos os demais das três estrofes do cantar d'amigo de Julião Bolseiro (CV 774) são regularmente de treze sílabas, mas com cesura móvel:

6+7: *Nas barcas novas foi-s' o meu amigo daqui*
6'+6: *e vej'eu viir barcas e tenho que ven i*
        mia madre, o meu amigo.
6'+6: *Atendamos, ai madre, sempre vos querrei ben*
....
....
7'+6/6'+6: *Non faç'eu desaguisado, mia madr', eno cuidar,*
6'+ 6:   *ca non podia muito sen mi alhur morar,*
....[18].

---

18. Se admitirmos – como José Joaquim Nunes – que a forma *desaguisado* do penúltimo verso, assim transmitida pelos apógrafos, se deva corrigir para *desguisado*, ou teríamos uma seqüência de alexandrinos agudos com cesura épica, ou estaríamos diante de um tipo de verso de treze sílabas insólito na poesia românica. O fato de nos códices apenas a primeira estrofe apresentar-se em dístico e as demais em quadras de versos hexassilábicos pode conduzir-nos também à suposição de que o poeta construiu o poema nesse metro.

II

A POESIA ROMÂNICA E SUAS FORMAS

Examinados sumariamente os metros fundamentais de que se utilizou a poesia românica ao longo da Baixa Idade Média, estamos agora em condições de esboçar uma história da versificação românica nessa época. Atendendo, portanto, às modestas exigências de um manual, três supressões se fizeram necessárias: a da poesia da Alta Idade Média, isto é, vigente até ao fim do Império Carolíngio (século IX); a da poesia latina (culta, religiosa e profana) em toda a extensão da Idade Média; e a da poesia dramática, pois a versificação do teatro medieval mereceria estudo à parte.

POESIA LÍRICA

Foi sempre a poesia lírica o gênero mais rico de possibilidades formais. Explica-se: desde o seu nascimento (na Grécia, ou mais precisamente, na ilha de Lesbos) a poesia lírica mélica (monódica e coral) sempre se manteve associada à música e à coreografia. Era, portanto, cantada e dançada. Daí denominar-se *poesia estrófica*, isto é, dividida geralmente em grupos de versos iguais, com um esquema rítmico e sentido completo; tal divisão era exigida pelas circunstâncias repetitivas do canto, que determinavam um retorno à frase musical. Por isso mesmo o conjunto de versos se chamou "estrofe" (do gr. *strophê*, ação de voltar). Quando a poesia se libertou da música e da dança, passou a obedecer ao seu ritmo próprio, mas conservou a sua forma *estrófica* (sobrevivência do seu estado primitivo). O mesmo não se verificou com a poesia épica: de fundo narrativo e descompromissada com a música e a dan-

❖ Segismundo Spina ❖

ça, explica-se que a poesia épica não tivesse estrutura defini-
da. Veículo de expressão de sentimentos, idéias e volições,
portanto ausente do elemento narrativo, é claro que a poesia
lírica exigisse uma variedade imensa de metros e de estrutu-
ras poemáticas.

Lírica Moçárabe

Ainda que o primeiro movimento lírico medieval organizado
fosse o dos trovadores do sul da França (em *langue d'oc* e só
por comodidade chamado "provençal"), a lírica moçárabe
praticada por poetas cristãos, mouros e judeus no sul da Pe-
nínsula Ibérica (Andaluzia) apresenta anterioridade docu-
mental e portanto um grande interesse para os estudos gené-
ticos da poesia românica. Esta poesia, não românica pela lín-
gua pois era escrita em árabe culto ou árabe popular, oferece
grande interesse para a versificação românica: a influência dos
seus esquemas poemáticos é visível em toda a poesia lírica
novilatina até princípios do Renascimento. Na Espanha mu-
çulmana floresceu, desde o século VIII, quando da penetra-
ção dos árabes na Península, uma civilização híbrida semítico-
cristã, cuja duplicidade lingüística deu em resultado um sis-
tema poético também misto. As formas fundamentais dessa
poesia foram as *moaxahas* (em árabe literário) e os *zéjeis* (em
árabe popular), invenção – dizem os arabistas – de um antigo

❖ MANUAL DE VERSIFICAÇÃO ROMÂNICA MEDIEVAL ❖

poeta sírio de Cabra (ao sul de Córdoba), Mocadem Ben Moafa, que viveu entre os anos de 880 a 912. Algumas *moaxahas*, todavia, apresentavam como remate da composição estribilhos românicos de dois, três ou quatro versos, em caracteres árabes ou hebraicos, conforme a língua em que estava a composição. Tais estribilhos, escritos num primitivo dialeto castelhano (o moçárabe) e denominados *carjas* (que quer dizer "terminação", à maneira das *fiindas* galego-portuguesas), só a partir de 1948 começaram a ser decifrados, pois a ausência de vogais na transcrição árabe ou hebraica tornou até essa data enigmática a sua interpretação. Foi quando Samuel Stern revelou o mistério desses fragmentos poéticos, abrindo trilha para os estudos posteriores de orientalistas e romanistas como Pidal, Emilio García-Gómez, Francisco Cantera, Dámaso Alonso e Corominas.

O caráter românico do *zéjel* reside especialmente na sua estrutura estrófica, pois a *qasida* oriental, suplantada por essa modalidade poemática, desconhecia a divisão estrófica: era um poema monórrimo e sem refrão.

O *zéjel* (ou a *moaxaha*) é uma composição formada por uma pequena estrofe inicial (estribilho) temática e um número variável de estrofes compostas de três versos monórrimos, seguidas de outro verso de rima igual à do estribilho. O esquema métrico fundamental, determinado pelas condições do canto e da coreografia (pois o *zéjel* significa "bailado"), é

❖ Segismundo Spina ❖

portanto: *AA*, *bbba* (*AA*), *ccca* (*AA*), *ddda* (*AA*) etc. Assim este *zéjel* de Ben Quzmán, poeta hispano-árabe de Córdova do século XII (1095-1159), cujo *Cancioneiro* foi publicado pelo arabista e romancista americano Nykl em 1933:

> *Ya meliha 'd-dunya, qul:*
> *ala's ent, ya'bni, malul?*
>
> *Ey ana indak wagih,*
> *yatmaggag minnu wafih,*
> *tumma f'ahla ma tatih*
> *targa anasak wasul!*
>
> *Mur ba'ad, gid hu saraf,*
> *lam yra mitlu nasaf,*
> *wa les et illa taraf*
> *wa 'lledi qulna fudul.*

(Seguem-se mais dezoito estrofes metricamente iguais.)

O estribilho inicial (*AA*) recebe o nome de *markaz* (Ben Quzmán chamava *tagazol*); o trístico monórrimo (*bbb*) denomina-se *agsán* (plural *gusn*) e corresponde à *mudança* das redondilhas do século XV (ver); ao 4º verso, que se liga rimicamente ao *markaz*, se dá o nome de *simt* (pl. *asmat*), verso que corresponde à *volta* das mesmas redondilhas. Observe-se que a disposição das rimas 3+1+3+1... reproduz a imagem de um colar formado por duas linhas de pérolas de cores distintas (ár.

❖ MANUAL DE VERSIFICAÇÃO ROMÂNICA MEDIEVAL ❖

waxah, donde *moaxaha,* numa alusão à combinação das rimas). O que é importante no *zéjel* do ponto de vista formal é sua estrutura estrófica, pois os versos podem ser octossilábicos, ou de seis, ou de dez, de doze, ou ainda uma associação de longos e curtos. (Tal informação acerca das medidas utilizadas pelo *zéjel* foram colhidas em Pidal, *Poesía arabe y poesía europea* (p. 19), razão por que devemos adaptar as referidas medidas ao nosso sistema, isto é: os versos zejelescos podem ser *heptassilábicos,* ou *pentassilábicos,* ou *eneassílabos,* de onze sílabas ou associação destes metros)[1]. Há *zéjeis* cuja *volta,* ao invés de um, apresenta dois ou até três versos; outros em que a *mudança* é constituída de quatro versos e na mesma mudança podem ocorrer rimas internas; *zéjeis* desprovidos de estribilho, enfim, possibilidades inúmeras de combinações e recursos métricos que a lírica românica acabou por assimilar.

O *zéjel,* tanto na sua forma típica como nos seus esquemas modificados, granjeou a simpatia não só dos poetas islâmicos da Península e até do próprio Oriente, como acabou por espalhar-se pela Europa, assimilado como foi por poetas provençais, franceses, espanhóis, italianos e galego-portugueses. Na Provença a imitação se fez desde o primeiro dos trovadores, Guilherme IX, que compôs algumas canções à moda zejelesca,

1. Para conhecimentos mais amplos da problemática estrutural da poesia moçárabe, consulte a obra de Pierre Le Gentil, *Le virelai et le villancico. Le problème des origines arabes,* Paris, 1954.

ainda que desprovidas de estribilho inicial. (Aliás – como vimos – *zéjeis* também se compunham sem o *markaz*.) Por exemplo, esta canção de arrependimento de Guilherme IX, conde de Poitou:

> *Pos de chantar m'es pres talentz,*
> *farai un vres, don sui dolenz:*
> *mais non serai obedienz*
> *en Peitau ni en Lemozi.*

(Seguem-se mais nove estrofes nesse esquema – *aaab* – e uma *tornada* de dois versos.)

Trovadores galego-portugueses houve que também reproduziram a estrofe zejelesca, se bem que com variantes no estribilho. Dom Dinis:

> *Amigo, pois vos non vi*
> *nunca folguei nem dormi,*
> *mais ora ja, des aqui*
> *que vos vejo, folgarei*
> *e veerei prazer de mi,*
> *poi vejo quanto ben ei* (CV 202).

A maioria dos poemas de Afonso X, o Sábio (*Cantigas de Santa Maria*), reproduz o esquema zejelesco:

> *Non pode prender nunca morte vergonnosa*

> *aquele que guarda a Virgem gloriosa.*
> *Poren, meus amigos, rogo-vos que m'ouçades*
> *un mui gran miragre que quero que sabiades*
> *que a Santa Virgen fez, per que entendades*
> *com'aos seus servos é sempre piadosa.*
> *Non pode prender nunca morte vergonnosa...*

(Seguem-se dezesseis estrofes.)
(Ed. Mettmann, 78).

No Livro de Buen Amor de Arcipreste de Hita (século XIV) também ocorre esta composição baseada no esquema:

> *Mys ojos no verán luz*
> *pues perdido hé a Cruz.*

> *Cruz cruzada, panadera,*
> *Tomé por entendedera:*
> *Tomé senda por carrera*
> *Como [faz] un andaluz.*
>> etc.
>> (Ed. Cejador y Frauca, I, estrofes 115-117).

Na França do norte, antes dos poemas de forma fixa da escola de Guillaume de Machaut (século XIV), numerosas bailadas e rondéis do século XII e século XIII reproduzem fielmente a estrofe zejelesca. Veja-se, por exemplo, este rondel do século XIII:

❖ Segismundo Spina ❖

Mudança: *Quant se vient en mai ke rose est panie,*
je l'alai coillir per grant druerie,
en poc d'oure oi une voix serie,
Volta: *lonc un vert bouset pres d'une abiete.*
Refrão: *Je sent les douls mals leis ma senturete,*
malois soit de Deu ki me fist nonnete!
etc.

Na Itália a poesia franciscana do século XIII em geral preferiu o metro monórrimo do *zéjel*; e Jacopone da Todi, no seu *Laudario* (102 composições), inseriu nada menos de 52 laudes decalcadas no esquema zejelesco, tão em voga em sua terra nesse tempo. Esta, por exemplo:

Refrão: *Fami cantar l'amor di la beata*
quella ke de Cristo esta gaudente.
Mudança: *Dami conforto, madre de l'amore*
e mette fuoco et fiamba nel mio cuore,
k'i't'amasse tanto a tutte l'ore
Volta: *k'io ne transmortisse* spessamente.

No século XV, um poeta do *Cancioneiro de Baena*, Afonso Alvares Villasandino, continua a tradição da forma típica do *zéjel*:

Estribilho: *Vivo ledo con razón,*
amigos, toda sazón.
Mudança: Vivo *ledo e sin pesar,*

94

❖ MANUAL DE VERSIFICAÇÃO ROMÂNICA MEDIEVAL ❖

pues amor me fizo amar
a la que podré llamar
Volta: *más bella de cuantas son.*

(Seguem-se mais sete estrofes.)
(CB 51)[2].

Em Gil Vicente, já na alvorada do Renascimento, também reaparece a estrutura do *zéjel* no *Auto da Sibila Cassandra,* quando Cassandra canta:

Dizen que me case yo:
no quiero marido, no.

Mas quiero vivir segura
nesta sierra á mi soltura,
que no estar en ventura
si casaré ben ó no.

Dicen que me case yo;
no quiero marido, no.
etc.[3]

---

2. No *Cancioneiro de Baena*, diz Tomás Navarro, ocorrem nove *zéjeis* de Villasandino em versos heptassilábicos, dos quais seis reproduzem a forma típica (*aa: bbba*); Pero Gonzáles de Mendoza e Diogo de Valencia oferecem, no mesmo *Cancioneiro*, dois *zéjeis*, porém em versos de arte maior (cf. *Métrica española*, p. 146).

3. Para os interessados no conhecimento da poesia moçárabe, reproduzimos, como anexo, em páginas finais deste *Manual*, o aparecimento da obra

❖ Segismundo Spina ❖

Lírica Occitânica

Para o estudo da versificação provençal é de alta importância o conhecimento da música, pois a poesia trovadoresca era uma poesia lírica por excelência, isto é, feita para ser cantada, com acompanhamento instrumental[4]. Quando na biografia de Bernard de Ventadorn, de quem se conhecem nada menos de dezoito melodias, se diz que o trovador "aveia sotilessa et art de trobar bos motz e gais sons" (era hábil em criar belas palavras e alegres melodias), é porque estes dois elementos – a poesia e a música (*motz* e *son*) – eram indissociáveis, e talvez o prestígio da música, nesse tempo, ultrapassasse o da letra. Folquet de Marseille dizia que "une chanson sans musique est comme un moulin sans eau". Entre os trovadores a canção recebia, em razão de suas ligações com a música, a designação de *chan, son, sonet, chantar, chantaret*. O interesse pelo elemento musical foi, porém, desaparecendo, na altura da segunda metade do século XIII; os progressos da música polifônica, do contraponto, nos séculos seguintes, suscitaram o divórcio das duas artes, e a progressiva autonomia do texto

monumental do grande arabista espanhol Emilio García Gomez, intitulada *Todo Ben Cuzmán*, Madrid, Gredos, [1972], 3 vols.

4. "la musique, en effet, ne fait pas seulement partie intégrante de l'oeuvre des troubadours, elle détermine encore, et dans une mesure assez large, la forme poétique des chansons" (Jean Beck, *La musique des troubadours*, p. 16).

❖ MANUAL DE VERSIFICAÇÃO ROMÂNICA MEDIEVAL ❖

poético permitiu à poesia o desenvolvimento de numerosos recursos formais e expedientes de sonoridade que vieram compensar o encanto do elemento musical perdido. Na altura própria voltaremos a estudar as conseqüências dessa separação. Das 2 600 canções trovadorescas se conservaram nada menos de 264 melodias; e algumas delas se tornaram tão notórias, a ponto de serem aproveitadas por poetas de outros países e se manterem vivazes até ao Renascimento. Duas razões fundamentais se podem apontar para explicar a indiferença dos romanistas pela música trovadoresca: a ignorância da técnica musical e os problemas que essa notação musical apresenta. As melodias estão transcritas em notação neumática ou quadrangular, isto é, representadas por "notas quadradas" e sem divisão de compassos; logo, se podemos determinar a sua altura pela posição da nota na pauta, não estamos em condições de estabelecer a duração das mesmas, e por conseguinte o ritmo. É o que sucede também com o canto gregoriano, que se utiliza do mesmo sistema de notação musical. E para ampliar as dificuldades ainda, devemos lembrar-nos de que a grafia dos neumas – diz Jean Beck – varia com as épocas, as regiões e até entre os copistas. Os neumas de Saint-Gall apresentam as suas particularidades, os de Limoges ou da Aquitânia outras[5].

---

5. *Op. cit.*, pp. 34-35. Para os interessados nos problemas que visam às relações entre a melodia e o texto poético, consultar este autor: depois de

❖ SEGISMUNDO SPINA ❖

A importância da melodia, entretanto, não impediu que a poesia trovadoresca desenvolvesse todo um virtuosismo poemático, jogando com as inúmeras possibilidades do verso, da posição das rimas e da construção estrófica. Para se ter uma idéia dos requintes a que chegou o formalismo técnico dos trovadores, é só compulsar *Las Leys d'Amors*, um dos tratados poéticos informativos dessa poesia (1356), que assinala 39 espécies de rimas e 72 tipos de estrofe. Diz Henri Davenson que um filólogo alemão (?) recenseou 817 tipos de estrofes utilizadas pelos trovadores; e que outro filólogo húngaro (?) catalogou nada menos de 1 001 fórmulas rimáticas e 1 422 fórmulas silábicas na poesia dos trovadores[6]. Além de *Las Leys d'Amors*, outras poéticas nos ministram informações a propósito da técnica versificatória trovadoresca: *Las razos de trobar*, a mais antiga, da autoria de Raimon Vidal de Besalu, trovador da Catalunha (século XIII), e o *Donatz proensals*, de Uc Faidit, cujo interesse repousa sobretudo num curioso dicionário de rimas que acompanha as suas lições gramaticais. A preceptiva mais importante é ainda *Las Leys d'Amors*, preciosa

---

estabelecer os quatro princípios fundamentais da rítmica medieval, J. Beck tenta segundo elas a interpretação das melodias trovadorescas (ver pp. 46-61). Para conhecimento dos sistemas de interpretação elaborados, consultar Théodore Gérold, *La musique au moyen âge*, pp. 91-106.

6. *Les troubadours*, p. 69. Supomos tratar-se de um lapso tipográfico; onde está "fórmulas silábicas" deveria ler-se "fórmulas estróficas".

❖ MANUAL DE VERSIFICAÇÃO ROMÂNICA MEDIEVAL ❖

pela riqueza de indicações gramaticais, retóricas e poéticas. Joseph Anglade fez desse tratado, promulgado pelo Consistório tolosiano do *Gai Savoir* em 1356, uma edição crítica em quatro volumes: *Las Leys d'Amors* (Toulouse, 1920, "Bibliothèque Méridionale")[7].

Em oposição ao sistema italiano e espanhol, a poesia provençal e a galego-portuguesa contam as sílabas do verso até à última tônica, considerando masculina a rima cujo verso termine por palavra oxítona, e feminina nos outros casos. Até fins do século XII a canção provençal se chamava *vers*, e a designação de *cansó*, que até essa época se usava esporadicamente, começou a impor-se sobre a denominação primitiva de *vers*; esta, no decorrer do século XIII, tendeu a designar as composições de forma independente, particularmente aquelas de conteúdo moral[8]. O verso se dizia *mot* (como *palavra* na poesia galego-portuguesa), ou ainda *bordó, bastó*; a estrofe recebia o nome de *cobla* (a que correspondia o termo *cobra* da poesia luso-galega, e *copla* da poesia luso-castelhana dos séculos XV e XVI). Quando as estrofes mantêm em toda a composição a mesma estrutura, isto é, o mesmo esquema rímico e os versos na mesma medida, diz-se que a composição é formada de *coblas unissonans* (é o caso mais comum); *coblas singulars*, usadas princi-

---

7. Sobre as poéticas do tempo, ver Edmond Faral, *Les arts poétiques du XIIe et XIIIe siècles*, Paris, Honoré Champion, 1924.

8. Cf. A. Jeanroy, *La poésie lyrique des troubadours*, II, p. 67.

palmente pelos primitivos trovadores (Guilherme IX, Marcabru), se chamam as estrofes cujos esquemas rimáticos variam de uma para outra; se os mesmos esquemas se mantêm idênticos em cada duas estrofes, diziam que a composição estava escrita em *coblas doblas*. A *cobla capcaudada* é uma *cobla singular* em que o último verso de cada estância rima com o primeiro da seguinte; e a *cobla retrógrada*, cujas rimas de cada estância são iguais às da estância anterior, porém dispostas em ordem inversa. A rima *dissoluta*, correspondente da *palavra perduda* da métrica luso-galega, isto é, do verso sem rima, deu a mesma denominação à *cobla* (*cobla disoluta*) quando o trovador, por mero virtuosismo, elaborava toda a estrofe em versos brancos, sendo que as rimas seriam reproduzidas na mesma ordem nas estrofes posteriores. Assim: ABCDEF.../ABCDEF... Daí a denominação de canção em *coblas disolutas*, praticada sobretudo no período de declínio da lírica trovadoresca, especialmente por Arnaut Daniel e Raimbaut d'Oranges. A rima assoante, muito rara (pois a rima provençal era por excelência consoante), se dizia *sonansa borda*[9].

---

9. A posição de uma palavra na estrofe criava, estilisticamente, uma outra terminologia: diziam-se *coblas capfinidas* aquelas cujos versos principiam com a palavra final do verso anterior; ou *coblas capdenals* quando todos os versos da composição começam pela mesma palavra; se a palavra inicial do verso vem repetida no fim, as coblas se denominam *recordativas*; se, ainda, a palavra-rima ou o mesmo verso reaparecem, de estrofe em estrofe, no mesmo lugar, as *coblas* se dizem *retronchadas*.

❖ MANUAL DE VERSIFICAÇÃO ROMÂNICA MEDIEVAL ❖

A canção provençal compunha-se de número variável de estrofes, oscilando entre cinco e sete, e terminando com uma, duas ou três *tornadas*. O número de versos da *cobla* variava entre dois e 42, sendo que tais limites eram excepcionais. A estrutura primitiva da *cobla* parece ter obedecido ao clássico princípio da "tripartição", que vem desde a ode grega (*estrofe+antístrofe+epodo*) e permanece ainda hoje no soneto. Veja-se que a distinção entre a poesia cortês e a poesia semipopular reside em que esta não obedece às leis da tripartição – a não ser em caso de influência daquela sobre esta, como se verifica na estrutura ternária de algumas pastorelas[10]. Dante, no seu *De vulgari eloquentia* (II, 3, *usque finem*), dá-nos uma minuciosa teoria da canção e, inclinado sempre à classificação ternária das coisas, informa-nos da estrutura musical da canção baseada na divisão tripartida de *pés, voltas* e *caudas* (*pés, diesis* e *sirima*). Vejamos em que consiste a tripartição da estrofe:

Forma típica:

Ordem inversa   Ordem direta (menos freqüente)

Ordem inversa	Ordem direta		
———— a	a	} PÉS	
———— b	b		} simétricos = FRONS
———— b	a	} PÉS	
———— a	b		
———— rimas sem	*sirima* ou *cauda*		
———— ordem definida			

10. A esse respeito, ver A. Jeanroy, *Les origines...*, pp. 363 e ss.

❖ SEGISMUNDO SPINA ❖

Como exemplo, vejamos a 1ª estrofe desta conhecidíssima canção de Bernard de Ventadorn:

> *Lo tems vai e ven e vire*
> *per jorns, per mes e per ans*
> *et eu, las!, no.n sai que dire,*
> *c'ades es us mos talans.*
> *Ades es us e no.s muda,*
> *c'una.n volh e.n ai volguda,*
> *don anc non aic jauzimen,*

cujo esquema é: *ab, ab, ccd.*

Conquanto a *frons* apresente normalmente quatro versos, casos há entre trovadores e seus imitadores do Norte em que a *frons* se constitui de seis versos:

> *abc, abc,* ou: *abc, acb.*

Outra forma também praticada, um pouco posteriormente ao período clássico do trovadorismo provençal, apresenta a supressão de um verso da *frons*; tal truncamento, que se torna de uso freqüente, rompe, como se verá, o tradicional tripartismo estrófico:

> *ab, a, cc,* ou: *ab, b, cc.*

Assim esta estrofe de Peire d'Alvernha:

Ab fina ioia comenssa   a
lo vers qui bels motz assona   b
e de re no.i a faillenssa;   a
mas no m'es bon qe l'apreigna   c
tals cui mos chans non conveigna   c
    q'ieu non vuoill avols chantaire,
    ce que tot chan desfaissona,
    mon doutz sonet torn'en.bram[11].

Tal supressão deve ter sido ocasionada por alguma inovação na melodia, mas tal influência escapa hoje à nossa observação. Examinada a *cobla* na sua forma típica (forma que se perde, entretanto, no maremagno do virtuosismo estrófico que se foi desenvolvendo), vejamos agora o remate da composição – as *tornadas*, estâncias mais curtas em número de versos em relação aos das estrofes, em número de uma, duas e até três; além de não ser fixo o número de *tornadas* da canção, pode ainda não aparecer. Como se sabe, o trovador serve-se da *tornada* para fazer alguma consideração à maneira de desfecho, ou para invocar o nome da amada (*senhal*) ou seu protetor; não raro o trovador se dirige por ela ao jogral que irá executar a sua canção.

Relativamente aos versos da canção, convém lembrar que raramente se encontra um verso com medida errada; os lap-

---

11. Os três versos da *sirima* foram avançados apenas para pôr em evidência a *fronte*.

sos podem, no mais das vezes, ser atribuídos mais à ignorância dos copistas que à inabilidade dos trovadores. Entre os primeiros trovadores os metros mais empregados são os heptassilábicos e octossilábicos, ficando o decassílabo normalmente reservado à poesia narrativa, e o hexassílabo à poesia de caráter didático. Guilherme IX, Jaufre Rudel, Marcabru, os mais antigos, não se utilizaram em suas composições do decassílabo e do hexassílabo; em Cercamon encontra-se apenas um exemplo, assim como em Peire Rogier. Também predomina entre os trovadores da primeira geração a isometria dos versos na *cobla*; o gosto pela combinação de metros diferentes, na mesma estrofe, foi-se tornando cada vez mais crescente, a ponto de impedir-nos hoje um esquema dessas combinações métricas, tal a diversidade de formas a que chegou o virtuosismo técnico dos trovadores[12].

O uso da rima também sofreu os requintes desse tecnicismo versificatório, e *Las Leys d'Amors* estabelecem uma complicada terminologia para as posições e as combinações rimáticas da estrofe e do poema. Já nos referimos atrás às chamadas *coblas unissonans, coblas singulars, coblas doblas* e à *sonansa borda*. A *rim stramp* (*ou disoluta*) corresponde, na poesia galego-portuguesa, à *palavra perdida*, isto é, ao verso sem rima introduzido em cada estrofe[13].

---

12. Cf. A. Jeanroy, *La poésie lyrique des troubadours*, II, p. 74.
13. Em italiano a rima estrampa se diz *chiave*, em alemão *korn*.

❖ MANUAL DE VERSIFICAÇÃO ROMÂNICA MEDIEVAL ❖

A rima podia consistir também num expediente mnemônico de ligação das estrofes. Entre os trovadores provençais o processo das chamadas *coblas capcaudadas*, que consistia em regular a rima inicial de cada estrofe pela rima final da estrofe anterior (processo que denuncia a sua provável origem na poesia narrativa), veio substituir o das *coblas capfinidas*, utilizado largamente na Itália mas parcimoniosamente no sul da França[14]. Este recurso se caracteriza por repetir nos primeiros versos de uma estrofe a idéia final da estrofe precedente. Normalmente a repetição se fazia nos mesmos termos. O tipo mais simples das *coblas capcaudadas* pode ser representado por esta canção de Guilhem de Cabestanh, em que a última rima de uma estrofe é retomada pela estrofe seguinte:

1. Ar vey qu'em vengut als jorns *loncs,*
.... *troncx,*
.... *refrims*
.... *embroncx*
.... *sims,*
.... *prims,*
.... *for.*
2. Mas ieu m'esjauzisc e.m *demor*
.... *cor,*

14. É de notar, todavia, que Sordelo, o maior deles, não se utilizou uma só vez desse tipo de *coblas*, tampouco das *capcaudadas* (v. Marco Boni, *Sordello: Poesie*, p. CLV).

❖ Segismundo Spina ❖

. . . .   *techitz*

. . . .   *sycomor*

    etc.

    (Ed. de Langfors, c. III, p. 6).

Peire Vidal, entre outros, pode exemplificar o processo das *coblas capfinidas*; este pode ocorrer isoladamente de uma estrofe para outra da canção:

> III. . . . .
> *Qu'ap bel semblan met home en error.*
>
> IV. *A! bel senher Castiat,*
>   *Cum muer de feunia,*
>   *Qu'ab bel semblan m'a nafrat*
> . . . .
> (Ed. de Avalle, I, p. 87).

Já no final do movimento trovadoresco, tal recurso deixou de ser mnemônico para ser puramente retórico; e, ao invés de ligar estrofes, passou a ser utilizado para ligar idéias entre versos da mesma estrofe.

Lírica Luso-galega

Ao contrário do que sucedeu com a poesia provençal, que nos deixou manuais versificatórios altamente informativos do

❖ MANUAL DE VERSIFICAÇÃO ROMÂNICA MEDIEVAL ❖

movimento lírico da França meridional (*Las Leys d'Amors, Las razos de trobar*, o *Donatz proensals* – como vimos); e ao contrário do que sucedeu também com as retóricas francesas dos séculos XIV e XV, ricas de informações a respeito da métrica da *nouvelle rhétorique* (a *Art de Dictier* de Deschamps e sete outras mais tarde compiladas por Langlois em seu *Recueil d'arts de séconde Rhétorique*, Paris, 1902), a poesia dos trovadores galego-portugueses dos séculos XIII e XIV apenas nos deixou um esboço de arte versificatória, imperfeito e mutilado, que vem apenso ao *Cancioneiro de Colocci-Brancuti*, anônimo e sem título, provavelmente contemporâneo das *Leys d'Amors* (1356). Ainda que mutilada, fala-nos esta poética fragmentária das espécies poéticas fundamentais, da disposição estrófica, do número de versos, da contagem silábica, da rima, de processos métricos tais como o *dobre* e o *mordobre*, da fiinda, do cacófato e do hiato; dela podemos extrair ainda a terminologia do tempo: ao verso se dava o nome de *palavra*, à estrofe *cobra*, à estrutura poemática *talho*, ao verso sem rima *palavra perduda*; à repetição da mesma palavra na estrofe se dava o nome de *dobre*, à repetição da palavra nos seus cognatos *mordobre*, ao remate ideológico da composição *fiinda*, e ao processo que consiste em conduzir o pensamento até ao fim do poema sem interrupção *atafinda*. E pouco mais, como conselhos relativos à extensão do poema – tido como *enfadonho* quando ultrapassava três estrofes.

❖ Segismundo Spina ❖

A poesia lírica autóctone, de longa tradição neste recanto da Península, conseguiu manter a sua vivacidade durante o florescimento da lírica cortês, que vegetava na corte sob a influência da poesia culta provençal. Daí, ao lado de uma lírica literária, que repudiava os processos da poesia folclórica, vigeu a lírica tradicional, caracterizada pela utilização dos elementos corais – como o refrão e a estrutura paralelística[15]. Às composições cultas, em que o trovador prestava o seu culto amoroso à mulher e respirava um ambiente de vida palaciana, se dava o nome de *cantigas d'amor;* às composições de tipo tradicional, de caráter folclórico ou burguês, a designação de *cantigas d'amigo.* Nestas se verificava uma inversão do binômio erótico, isto é, era sempre a mulher a falar do amado, ainda que tais cantigas fossem compostas pelos próprios trovadores. Tal distinção não foi absoluta metricamente, pois desde cedo se processou uma mútua influência entre as duas for-

15. A respeito do *paralelismo*, consultar os estudos de R. Lapa, *Das Origens da Poesia Lírica em Portugal na Idade Média*, pp. 267-289; de Aubrey Bell, "A Origem das 'Cantigas Encadeadas' ", primeiramente publicado em *The Modern Language Review*, 2: 175-185, e posteriormente pela *Revista Ocidente*, Lisboa, em tradução de Antônio Álvaro Dória, 2. ed. ampl. [1947], pp. 25-43; de William J. Entwistle, "Dos 'Cossantes' às 'Cantigas d'Amor'". *Idem*, pp. 73-99; e mais recentemente a obra de Eugenio Asensio, *Poética y realidad en el cancionero peninsular de la Edad Media*, onde se encontram inteligentes monografias acerca da "poética do paralelismo", das cantigas paralelísticas "restauradas" de Gil Vicente e dos "cantares paralelísticos castelhanos".

❖ MANUAL DE VERSIFICAÇÃO ROMÂNICA MEDIEVAL ❖

mas poéticas: daí a denominação de *cantigas de maestria* dada àqueles cantares d'amor não contaminados pelos processos da poesia coral, em oposição às *cantigas de refrão*, tradicionais e populares. Além do refrão, que se seguia normalmente a cada cobra, podia ainda a composição apresentar como remate da idéia uma estrofezinha final monóstica, ou em dístico, em terceto e até em quadra, a que se dava o nome de *finda* (ver a *tornada* provençal). O autor anônimo da poética fragmentária refere que trovadores houve que compuseram cantigas até com duas *findas*, e outros que não se utilizaram dela, mas que o seu uso era recomendável ("pero a fiinda he mays comprimento"). Entretanto, cantigas há que apresentam três *fiindas* (como a de Galisteu Fernandes [CV 863]). Sucede o mesmo com o refrão, que pode compor-se de um ou mais versos, sendo que nos cantares mais primitivos pode ele vir representado por uma mera expressão exclamativa ou onomatopaica; o refrão, como mero recurso coral, pode muitas vezes não apresentar nexo ideológico com a estrofe. Normalmente aparece nos finais de cada cobra, podendo excepcionalmente preceder a composição – como no caso da cantiga 240 do CV, de Pay Soares, cujo esquema reproduz o da canção zejelesca. Rimicamente, o refrão pode ligar-se com os últimos versos da cobra, como pode ser independente, sendo que, quando formado de mais de um verso, o refrão normalmente é monórrimo.

❖ Segismundo Spina ❖

Relativamente à estrofe, pode esta oscilar (excluindo-se o refrão) entre dois e dez versos; a quadra predomina: e a ela se segue o dístico (utilizado sobretudo nas composições paralelísticas); os trísticos, as quintilhas e as sextilhas também são freqüentes. A respeito do número de estrofes a poética preceituava – como vimos – não ultrapassar três; todavia, as cantigas paralelísticas apresentam até oito cobras, sendo que estas oferecem como limite máximo dez versos. Os esquemas rímicos são variados, e é de notar o uso freqüente da *cobla singular* e da *cobla dobla* ou *unissonans* provençais[16]; porém é normal que a composição apresente rima diferente em cada cobra. A rima consoante é a mais utilizada; porém, nos cantares de feição folclórica, a assonância pode ocorrer, e composições há em que os dois tipos de rima podem competir (como na tão conhecida cantiga de D. Dinis – "Ay flores, ay flores no verde piño", em que, ao lado de rimas consoantes como *amigo / comigo, amado / jurado*, vemos assonâncias como *ramo / amado, pinho / amigo, vivo / saído* etc.).

Além do *dobre* e do *mordobre*, o *enjambement* é muito freqüente nos trovadores galego-portugueses. Os metros utilizados por eles variaram entre o *redondilho menor* (que podia ter cinco ou seis sílabas) e o verso de dezesseis sílabas; nas cantigas d'amigo predominou o redondilho, e nos cantares

---

16. Ver explicação no capítulo referente à lírica provençal.

satíricos este metro só foi suplantado pelo decassílabo. Ainda que o redondilho predominasse sobretudo nas cantigas tradicionais, não raro se compuseram cantares d'amor nesse metro – como o de Fernandes Cogominho, CBN 308; a poesia culta preferiu, entretanto, os metros octossilábicos e decassilábicos jâmbicos, de importação estrangeira.

Para finalizar, é útil lembrar aqui a velha explicação de Mussafia para a heterometria que se verificava na poesia galego-portuguesa naqueles casos em que se misturavam versos agudos e graves, cujas sílabas eram contadas até à última. Assim este exemplar de D. Dinis:

Que trist'oj'é meu amigo,	(7 sílabas poéticas)
amiga, no seu coraçon!	(8)
ca non pôde falar migo	(7)
nen veer-me e faz grande razon...	(8)

Tal irregularidade, mais freqüente nesse metro, pouco depois atingiu outros metros, sobretudo o decassílabo. O octossílabo heterométrico deve explicar-se, segundo Rodrigues Lapa (que refuta os argumentos do filólogo vienense), como resultado do desdobramento do primitivo verso longo de dezesseis sílabas. Assim: estes versos de uma cantiga de Vasco Praga de Sandim:

Cuidades vós, meu amigo, / ca vos non quer' eu mui gran ben,

✦ Segismundo Spina ✦

e a mi nunca ben venha, / se eu vejo no mundo ren
    etc.,

em que os hemistíquios (7+8) formariam uma quadra daquele tipo acima mencionado no cantar de D. Dinis[17].

Lírica Francesa

a) *Lírica popular e semipopular.* É na sua tese monumental sobre a lírica francesa primitiva, *Les origines de la poésie lyrique en France au moyen âge* (1889, 3.ed. 1925) que Alfred Jeanroy tentou a reconstituição da primitiva poesia popular francesa, cuja existência vinha atestada por numerosos documentos, ainda que dela nada restasse senão fragmentos e refrãos. Através destes refrãos e do exame comparativo com as outras florações líricas similares – italiana, galego-portuguesa, alemã – Jeanroy

---

17. Cf. *Das Origens da Poesia Lírica em Portugal na Idade Média*, pp. 317-325. Pela natureza do presente manual, que se destina de preferência a levar ao estudante brasileiro e português um conhecimento da versificação dos outros povos românicos, escusamo-nos de desenvolver a matéria referente à lírica luso-galega; sobre ela bons estudos já se fizeram, ainda que não definitivos: ver, do próprio R. Lapa, *op. cit.*, pp. 291-325, republicado posteriormente em *Miscelânea de Língua e Literatura Portuguesa Medieval*, pp. 177-201; de Henri Lang, *Das Liederbuch des Königs Denis von Portugal*, Halle, Max Niemeyer, 1894, pp. CVII-CXLII; de José Joaquim Nunes, *Cantigas d'Amigo*, I, pp. 405-440.

❖ MANUAL DE VERSIFICAÇÃO ROMÂNICA MEDIEVAL ❖

pôde estabelecer, sobretudo na parte temática, importantes relações genéticas. Enquanto no sul da França se operava uma verdadeira revolução social com o desenvolvimento da vida galante e cortês nos castelos senhoriais (em que a mulher se tornava o fulcro inspirador da criação poética, e a liturgia amorosa alcançaria o mais refinado escolasticismo), na França setentrional vegetava uma poesia autóctone, em que a mulher aparecia em primeiro plano a lamentar-se de suas desventuras sentimentais – tal como nas *cantigas d'amigo* galego-portuguesas. Essa produção poética primitiva, de fundo narrativo, mantém os seus temas fundamentais e suas formas versificatórias na lírica semipopular das *canções de história* (ou de *tela*), das *canções de dança*, das *ballettes* e dos *rondets*, praticados antes e depois da influência da poesia dos trovadores. Tal influência inicia-se a partir de 1150: o casamento de Eleonora da Aquitânia com Luís VII, o Jovem (1137), bem como as duas filhas dessa grande dama – Marie de Champagne e Aélis de Blois – contribuíram poderosamente para a difusão e o prestígio da poesia provençal no norte da França[18]. A lírica narrativa francesa, que sobreviveu ao influxo da poesia aristocrática dos trovadores, passou a acusar inevitavelmente essa influência, que via de regra terminou numa curiosa fusão dos temas populares com o convencionalismo cortês da poesia adventícia.

18. Ver Frappier, *La poésie lyrique en France aux XII⁰ et XIII⁰ siècles*, p. 6.

❖ Segismundo Spina ❖

As formas líricas fundamentais dessa poesia narrativa podem ser assim classificadas:

1. canções de dança (*chansons à danser*):
   refrãos
   rondel de carole (ou *rondet*)
   ballette
   retrouenge
   estampie
2. *Canção de malmaridada*
3. *Reverdie*
4. *Canções de tela* ou *de história*
5. *Canção de alba.*

Os *refrãos* são fragmentos que restaram de primitivas canções de dança. O *rondet* (ou *rondel de carole*), surgido nos meados do século XIII, tende desde o início a tornar-se poema de forma fixa, e a sua transformação vem resultar no *triolet* e no *rondeau* dos séculos XIV e XV – como veremos adiante. O *rondet* é uma peça relativamente curta, de refrão inicial que se reproduz parcialmente no corpo do poema e integralmente no fim. Assim este exemplar, em versos de cinco sílabas:

Refrão: En riant, cuer dous,   A
Jointes mains vous prie   B

Qu'aie vostre amour   a

> En riant, cuer dous.   A
>
> *Onques envers vous*   a
> *Ne pensai folie*   b
>
> En riant, cuer dous,   A
> Jointes mains vous prie. B[19]

A *ballette*, ancestral da *balada*, apresenta a mesma tendência que o *rondet* para a cristalização de sua forma poemática; de início procurou fixar o número de três estrofes; com o tempo este número evoluiu para cinco, seis e até sete. Com refrão inicial, é este repetido no final de cada estrofe, cujo esquema rímico joga às vezes com rimas toantes e rimas consoantes. O refrão, em metro mais longo, liga-se pela rima ao último verso da estrofe:

> Refrão: [Eh! amiette doucette, je vous ai
>   Bien loyalement servi et servirai.]

> 1. *Dieu, dans un petit pré j'étais*
>   *L'autre jour,*
>   *Près de mon ami reposais*
>   *En un détour,*
>   *A qui j'ai dit par douceur*
>   *Et de coeur gaî:*

19. *Apud* Frappier, *op. cit.*, p. 22.

❖ Segismundo Spina ❖

> *"Doux ami, je sens pour vous*
> *Le maux que j'ai"*
> *Chanson ferai.*
> Eh! amiette doucette, je vous ai
> Bien loyalement servi et servirai.

(Seguem-se mais duas estrofes)[20].

Tudo indica que a *ballette* seja de importação meridional.

A *retrouenge* (*rotruenge*), em provençal *retroencha,* infelizmente permanece obscura não só etimologicamente como no seu significado e na sua estrutura. Parece tratar-se de uma canção de refrão, cuja forma primitiva mais simples seria em estrofes de dois versos seguidas de refrão: *aaR, bbR, ccR.* Entretanto, os exemplares que dessa espécie nos restam, tanto do francês como do provençal, não nos permitem formular conclusões sobre a sua estrutura. A *Doctrina di compondre dictaz* refere-se às *retroenchas* como canções amorosas com refrão ao fim da estrofe[21]. As sete peças, designadas pelos próprios autores como *retrouenges,* além de não terem conservado as respectivas melodias, não são uniformes na sua estrutura: quatro delas apresentam refrão no fim da estrofe, uma contém um tipo de refrão interior e duas são desprovidas de re-

---

20. *Apud* R. Bossuat, *La poésie lyrique en France aux XIIe et XIIIe siècles,* p. 54. O texto desta *ballette,* em francês arcaico, encontra-se na obra de A. Jeanroy, *Les origines...,* pp. 479-480.

21. Cf. T. Gérold, *La musique au moyen âge,* pp. 134-135.

❖ MANUAL DE VERSIFICAÇÃO ROMÂNICA MEDIEVAL ❖

frão. Os quatro exemplares de *retroenchas* (três de Giraut Riquier e uma de Joan Esteves, segunda metade do século XIII), ainda que tenham conservado a melodia, não nos informam também sobre o esquema versificatório da primitiva *retrouenge* francesa. Acredita Gérold que, não obstante a melodia seja rudimentar e troveiros como Gâce Brulé, Blondel de Nesle, Châtelain de Coucy e Thibaut de Navarre não tenham praticado essa forma poética, tais canções não pertençam ao gênero "popular". Aliás Paul Meyer – e nisso foi seguido por Gérold – é de opinião que a *retrouenge* dizia respeito mais à melodia que propriamente à letra[22].

A *estampie*, embora pertencesse à espécie das canções de dança, não apresentava refrão. Versando ora o tema primaveril, ora a beleza da mulher, a *estampie* reservou-se quase inteiramente os temas do amor melancólico e sem recompensa. De forma irregular e muito livre, estas canções compreendiam três ou quatro estrofes, às vezes muito longas (até 30 versos); na maioria das vezes as estrofes da *estampida* apresentam-se divisíveis em duas partes iguais ou quase iguais; o metro é preferentemente curto e as estrofes aparecem construídas sobre duas rimas, algumas vezes três.

As *canções de tela* ou *de história* (*chansons de toile* ou *d'histoire*), que datam dos fins do século XI, vigem até princí-

22. *Idem*, pp. 137 e 135 respectivamente.

pios do século XIII, época em que passam por um processo de renovação. Poesia eminentemente feminina a lembrar as *cantigas d'amigo* galego-portuguesas, nelas aparece a mulher no trabalho de fiação ou de agulha em geral cantando pequenas canções de tema sentimental, feliz ou desventurado. A literatura francesa possui duas dezenas de canções de tela, sendo que algumas delas incompletas. O metro preferido é o decassílabo épico com cesura épica depois da 4ª ou depois da 6ª sílaba; o octossílabo também aparece em algumas destas canções, sendo que o alexandrino apenas é utilizado por Audefroi de Bâtard, o único poeta conhecido destas composições, mas cuja produção já é tardia e um pouco fora dos quadros primitivos. As estrofes podem ser tercetos, quadras ou quintetos assonantados (ou, nas peças mais tardias, construídas sobre a mesma rima); a cada estrofe segue-se o refrão, formado por sua vez de dois ou três versos via de regra mais curtos e com assonância própria, que se opõe à da estrofe. O seu esquema, portanto, pode ser: *aaa(aa)R, bbb(bb)R* etc. Ex.:

> *Lou samedi a soir falt la semainne:*
> *Gaiete et Oriour, serors germainnes,*
> *main et main vont bagnier a la fontainne.*
> vante l'ore et li raimme crollet:
> ki s'antraimment soweif dorment.
>
> *L'anfes Gerairs revient de la cointainne,*

*s'ait choisit gaiete sor la fontainne,
antre ses bras l'ait pris, soueif l'a strainte.
vante l'ore...*

. . . .

*"Qant avras, Orriour, de l'ague prise,
reva toi an arriere! bien seis la ville,
je remanrai Gerairt ke bien me priset".
vante.* . . . .

. . . .

(Seguem-se mais três estrofes.)
(Ed. Bartsch, *Chrest*, p. 46.)

Formas de origem propriamente musical são os *lais*, os *descorts* e os *motets*. As duas primeiras parecem designar a mesma coisa e caracterizam-se pela irregularidade versificatória, pois as estrofes, em número indeterminado, não apresentam a mesma estrutura. Os *motets*, canto litúrgico e originariamente em latim, logo foram laicizados na língua e no tema: escritos em francês, versam os temas da Virgem, do amor e da bebida. Pode-se dizer que não oferecem técnica versificatória determinada, pelo contrário chamam a atenção pela extrema irregularidade de sua composição, explicável pelo predomínio soberano da melodia. Ausência de estrofação, às vezes de rimas, os *motets* jogam com vários metros, desde o monossilábico aos versos de catorze sílabas, sendo que os metros

❖ Segismundo Spina ❖

curtos normalmente preponderam; e para cumular essa diversidade métrica, não raro as cesuras do verso também faltam ou se fazem de maneira anormal.

O *virelai*, ligado à dança, não era propriamente considerado um gênero lírico; tendo feito a sua aparição nos princípios do século XIII (talvez antes), raros são os exemplares que nos chegaram com a respectiva melodia musical. A sua forma original apresenta certa similitude com o *zéjel* andaluz e com a estrutura das *Cantigas de Santa Maria* de Afonso X. O mais antigo *virelai* que se conhece, de Guillaume d'Amiens, apresenta o seguinte esquema: *AB / ccca AB…* O refrão pode também apresentar os versos do refrão em rima: *AA / bbba AA /…* Outras fórmulas aparecem ainda, como estas do Cancioneiro de Oxford (*Douce*, 308, segunda metade do século XIII): *ABB / cbcbcbb ABB…, AAB / ccdeedffb AAB…*, em que as partes da estrofe são semelhantes às da *ballade* em virtude da acentuada independência da *volta*[23]. O *virelai* na sua forma clássica será estudado mais adiante, quando da renovação desses gêneros operada pelos poetas da *segunda retórica*.

b) *Lírica cortês*. A partir de 1150, logo após o casamento de Eleonora da Aquitânia com Luís VII em 1137, difunde-se na

---

23. Cf. Pierre Le Gentil, *La poésie lyrique espagnole…*, II, onde as relações e analogias entre esses gêneros de forma fixa com a cantiga peninsular ibérica são bem estudadas.

França a poesia cortês da Provença. A propagação da nova arte não conseguiu, todavia, sobrepor-se totalmente às formas poéticas tradicionais estudadas atrás; contribuíram, isso sim, para o seu aprimoramento, pois, remanejadas pelos poetas dos séculos XIII e XIV, conseguiram manter a sua tradição até às portas do Renascimento. Uma primeira etapa dessa evolução pode situar-se entre 1150 e 1300, em que o novo credo lírico importado do Sul exerce a sua influência benéfica e empolga a aristocracia intelectual do Norte: os primeiros grandes representantes dessa nova fase – os *trouvères* – pertencem a essa classe, isto é, são cavaleiros ou grandes senhores: Conon de Bhétune, Gâce Brulé, Châtelain de Coucy, Ricardo Coração de Leão, Huon d'Oisi. Não divorciados da poesia tradicional e suas formas, aderiram à poesia meridional, cujas espécies foram imitadas, desde a canção de amor à poesia competitiva das *tensons* e *jeux-partis*. Estas formas são examinadas no lugar próprio.

c) *A nouvelle rhétorique.* Durante o século XIV um novo credo poético se impõe, uma verdadeira revolução se opera na técnica da poesia. O extraordinário artista desta renovação, Guillaume de Machaut, poeta e músico, criador de uma nova forma de romance pessoal versificado (os *Dits*), é o teórico da *nouvelle rhétorique*. Nesta época entendia-se por *retórica* a arte da composição poética. Conhecedor das relações entre a poesia

❖ Segismundo Spina ❖

e a música, Guillaume de Machaut (1300-1377, contemporâneo de Petrarca) partiu do princípio de que o ritmo poético devia sobrepor-se ao ritmo melódico e, baseado nesse novo postulado, renova visceralmente a métrica francesa, enriquecendo-lhe as fontes expressivas e conduzindo-a conseqüentemente para um acentuado virtuosismo técnico. Proclamada a superioridade e a anterioridade da letra em relação à música, surge então o *poeta*; a fase do *trovador* e do *troveiro* entra em declínio. "De Guillaume de Machaut à Charles d'Orléans on asiste en effet à la transformation décisive d'un lyrisme essentiellement *musical* en un lyrisme vraiment *littéraire*"[24]. Mas a sua escola caracteriza-se sobretudo pela difusão e implantação dos chamados "gêneros de forma fixa". Foram eles os *rondeaux*, os *chantsroyaux*, as *ballades*, os *lais* e os *virelais*.

As inúmeras preceptivas de versificação aparecidas no século XIV e no século XV permitem-nos um conhecimento minucioso e seguro das formas poéticas criadas nessa época, inclusive nas suas relações com a música. O primeiro manual de versificação francesa é de Eustache Deschamps, *Art de Dictier*, publicado em 1392 e inspirado nas idéias teóricas de Machaut. Um pouco confuso às vezes nas definições, a *Art de Dictier* vale sobretudo pelo exemplário poético conservado. No curso do século XV surgiram sete tratados literários que Ernst Langlois

24. Daniel Poirion, *Le poète et le prince*, p. 313.

compilou e editou em 1902 sob o título de *Recueil d'arts de seconde rhétorique* (Paris), no qual não figura, entretanto, a obra de Eustache Deschamps[25].

Legisladas e largamente praticadas as novas formas poéticas por Guillaume de Machaut, é com os poetas desta "segunda retórica" – Eustache Deschamps, Christine de Pisan, Charles d'Orléans – que a nova métrica se impõe e mantém o seu prestígio até o aparecimento da *Pléiade*. Agora são as formas, não os temas, que se impõem como critério positivo para a distinção dos gêneros líricos – diz Daniel Poirion (*op. cit.*, p. 314). Comecemos pelo *rondeau*.

O *rondeau*, na sua forma simples (denominado *rondeau sangle* por Eustache Deschamps e *rondel rondelant* por Baudet Herenc), aparece largamente praticado por Guillaume de Machaut. Compõe-se de um refrão inicial de dois versos, seguido de uma estrofe cujo primeiro verso rima com o primeiro verso do refrão; o segundo verso é a repetição desse mesmo primeiro verso do refrão; e a seguir, mais dois versos, cujas rimas se prendem às duas do refrão. Isto é: *AB* (refrão) / *aAab* (estrofe) *AB* (refrão). Os metros preferidos são, pela ordem, o decassílabo, o octossílabo e o hexassílabo. Assim este exemplar de Guillaume de Machaut:

---

25. Esta é examinada em outra obra do mesmo Langlois, *De artibus rhetoricae rhytmicae...*, Paris, 1890.

> Dame, mon cuer en vous remaint
> Comment que de vous me departe.
>
> *De fine amour qui en moi maint,*
> Dame, mon cuer en vous remaint.
> *Or pri Dieu que li vostres m'aint,*
> *Sans ce qu'en nulle autre amour parte.*
>
> Dame, mon cuer en vous remaint
> Comment que de vous me departe.

Entre os desenvolvimentos que esta forma poética apresentou, o mais comum foi o *rondeau* de refrão em trístico, cujos esquemas (conforme aparece em Machaut e Deschamps) são: *ABBaAabbABB, ABBabABabbABB*. Assim este *rondeau* de Machaut:

> Rose, lis, printemps, verdure,
> Fleur, baume et tres douce odour,
> Bele, passés en douçour,
>
> *Et tous les biens de Nature,*
> *Avez, dont je vous aour.*
> Rose, lis, printemps, verdure,
> Fleur, baume et tres douce odour.
>
> *Et quant toute creature*
> *Seurmonte vostre valour.*

❖ MANUAL DE VERSIFICAÇÃO ROMÂNICA MEDIEVAL ❖

> *Bien puis dire et par honnour*
>
> Rose, lis, printemps, verdure,
> Fleur, baume et tres douce odour.
> Bele, passés en douçour,

que exemplifica a segunda fórmula. Inúmeras variações surgiram posteriormente, e o *rondeau* chegou a apresentar refrãos de quatro, cinco, seis, sete e oito versos (vieram a ser chamados *rondeaux doubles*); o de cinco versos acabou por tornar-se a forma preferida no século XVI, o chamado *novo rondeau*. Eis um exemplo de Georges Chastellain:

> Quant vous avrez assez musé
> Au temps que j'ay pour vous usé.
> Et la verité bien savrez,
> Espoir que pitié vous avrez
> D'un simple innocent pou rusé.
>
> *Jamais ne seray refusé*
> *Ne de mal servir accusé,*
> *Se mes pas sont bien mesurez,*
> Que vous avrez assez musé
> Au temps que j'ay pour vous usé.
>
> *Se trouvé me suis si osé*
> *D'avoir vostre bruit alosé,*
> *Dont je sui beaucop honnorez,*

❖ SEGISMUNDO SPINA ❖

> *Le don de merci me donrez,*
> *Affin que ne soye abusé.*
> Quant vous avrez etc.

(Repete-se integralmente o refrão.)

Como na glosa peninsular ibérica, o *rondeau* é de extensão variável, mas não arbitrária; a extensão da glosa dependerá – como veremos – do processo de reprodução do mote escolhido pelo poeta, ao passo que a extensão do *rondeau* estará em função do tipo de refrão (em trístico, em quadra, em quintilha, em hexástico etc.). O *rondeau* cujo refrão apresente oito versos resultaria num poema de 32 versos, dos quais doze repetidos. Todavia, poetas há – como Christine de Pisan e Charles d'Orléans – que praticam inovações no sistema de reprodução de versos do refrão no corpo do poema, ora inserindo apenas um, ora dois versos. Tais liberdades lembram aquelas de que dispunham os poetas luso-castelhanos dos séculos XV e XVI. Variações inúmeras surgiram, e até pueris, à base desta forma lírica: o *rondeau jumeau*, o *rondeau doublé en la fin*, o *rondeau layé*, o *rondeau redoublé*, o *rondeau double redoublé* etc.[26]

O *virelai* (*vireli*, *virenli*, formas antigas, evoluídas para *virelai* por influência de *lai*) designou primitivamente uma forma de

---

26. Para tais modalidades, consulte Georges Lote, *Histoire du vers français*, II, pp. 290-304.

dança; posteriormente, canção para dançar. No século XIII a *ballade* suscita o aparecimento do *virelai*, que com ela mantém parentesco pelo fato de não inserir nas estrofes os versos do refrão; todavia, o compromisso rímico e métrico entre as estrofes e o refrão continua. Ainda que em fins do século XIII o *virelai* já adquirisse a sua individualidade poemática, a similitude com a balada explica que fosse denominado *chanson balladée*; Guillaume de Machaut promove então a separação definitiva do *virelai* e o termo *chanson balladée* vai rarefazendo progressivamente o seu emprego.

Ainda que as informações teóricas do tempo acerca do *virelai* não sejam claras e satisfatórias, o número destas composições praticadas pelos poetas do grupo (38 em Machaut e 76 em Deschamps) permite-nos estabelecer os esquemas típicos dessa forma lírica. De arquitetura um tanto complicada, o *virelai* exigia do poeta muita habilidade versificatória (não o *virelai* primitivo, anterior à renovação da "segunda retórica", cujo esquema se assemelhava ao do *zéjel* andaluz, isto é: *AA / bbba AA / ccca AA* etc.). O *virelai* no século XIV sofreu inúmeros desenvolvimentos e complicações, mas do ponto de vista métrico a sua estrutura permaneceu: 1º) um *refrão* de dimensões diversas; 2º) a *estrofe*, dividida em três partes (em que as duas primeiras são simétricas e independentes do refrão; e a terceira reproduzindo exatamente a forma do refrão); 3º) repetição integral do refrão no fim de cada estrofe. Donde

❖ Segismundo Spina ❖

se conclui que o refrão representa uma influência poderosa sobre a estrutura poética e musical da estrofe[27]. A variabilidade do refrão situa-se entre quatro e sete versos geralmente; as formas em que o refrão é mais curto são muito raras. O número de três estrofes valeu-lhe a designação de *chanson balladée,* mantida até fins do século XIV. Mas, ao contrário do que sucede na *ballade,* as partes da estrofe do *virelai* sofrem influência do refrão. A estrofe, por sua vez, é tripartida: uma abertura (*ouvert*) e um fecho (*clos*), seguidos de um grupo de versos (*tierce,* terça) cuja extensão e cujas rimas são iguais às do refrão; a ela se segue o refrão integralmente repetido. O metro preferido é livre, mas normalmente é curto, e só excepcionalmente ultrapassando sete ou oito sílabas. Nisso também *o virelai é* diferente da *ballade* e do *rondeau,* pois estas formas preferem os versos mais longos. O esquema, então, do *virelai* clássico seria:

AABBAAB / bbabbaaabbaabAABABBA etc.

(*Refrão*)	Dame, a vous sans retollir
	Dong cuer, pensée, desir
	Corps et amour,
	Comme a toute la millour
	Qu'on puist choisir
	Ne qui vivre ne morir
	Puist a ce jour.

27. Ver T. Gérold, *Histoire de la musique...,* p. 305.

❖ MANUAL DE VERSIFICAÇÃO ROMÂNICA MEDIEVAL ❖

(ouvert) *Si ne me doit a falour*
          Tourner, se je vous äour,
              Car sans mentir
 (clos)   *Bonté passés en valour,*
          Toute flour en douce odour
              Qu'on puet sentir.
(tierce) *Vostre biauté fait tarir.*
          Toute autre et ancëntir
              E vo douçour
          Passe tout; rose en coulour
              Vous doi tenir
          E vos regars puet garir
              Toute doulour.

(Refrão) Dame, a vous sans retollir
          Dong cuer, pensée, desir
              Corps et amour,
          Comme a toute la millour
              Qu'on puist choisir
          Ne qui vivre ne morir
              Puist a ce jour.

(Seguem-se mais duas estrofes.)
(Ed. Hoepffner, *apud* Lote II, pp. 262-264).

O *virelai* primitivo percorreu um caminho de muitas tentativas para chegar às suas formas no século XIV; se compararmos os esquemas métricos com que o *virelai* comparece no *Cancioneiro de Oxford* (século XIII) e as formas virtuosas que

❖ Segismundo Spina ❖

alcançou no século XIV, observamos que o *virelai* primitivo são composições ainda irregulares: ora as rimas da *tierce* diferem das do refrão, ora são os metros diferentes, ora o *ouvert* e o *clos* estão em desacordo, ou o refrão que se repete ao final da estrofe não é igual ao estribilho inicial da composição.

A partir de Eustache Deschamps, entretanto, o *virelai* começa a descrever a segunda parte da parábola, evoluindo para formas mais simples e aliviando a complexidade adquirida nos meados do século XIV; Froissart e Christine de Pisan passam a preferir as novas modificações métricas que suplantam o *virelai* clássico no decurso do século XV. Regressando, então, à fórmula *AB / baabA / abbaA*, com semelhanças bem visíveis com o vilancete ibérico, as inovações introduzidas podem ser assim estabelecidas: refrão com duas rimas, estrofes (que podem ser duas ou apenas uma) jogando com as rimas do refrão, e repetição de um só verso do estribilho inicial. Jeanroy cita dois exemplos, um de Christine de Pisan e outro de François Villon:

C. de Pisan:		F. Villon:	
seulette	A	oeil	A
esgarée	B	mignonne	B
separée	b	*bonne*	b
regrete	a	*dueil*	a
lassete	a	*vueil*	a
enterrée	b	*donne*	b

seulette	A	oeil	A
souffrete	a	*recueil*	a
demourée	b	*sonne*	b
durée	b	*personne*	b
mette	a	*dueil*	a
seulette	A	oeil	A

Jeanroy é de opinião de que de todas as formas de *virelai* a mais simples e possivelmente a mais graciosa é aquela cujo refrão se compõe apenas de um verso, pois aqui o poeta "não se perde no dédalo de regras um tanto pueris". E lembra esta pérola de Eustache Deschamps:

> Sui-je, sui-je, sui-je belle?

> *Il me semble, à mon avis,*
> *Que j'ai beau front et doulz vis,*
> *Et la bouche vermeillette.*
> Dittez moy se je sui belle.

> *J'ay vers yeulx, petis sourcis,*
> *Le chief blont, le nez traitis,*
> *Ront menton, blanche gorgete,*
> Sui-je, sui-je, sui-je belle? etc.[28]

28. Ver A. Jeanroy, *Les origines...*, pp. 433-435.

❖ Segismundo Spina ❖

A ballade gozou de grande prestígio no fim da Idade Média. Tendo tido forte concorrente no *chant-royal*, superou-o, todavia, nos meios palacianos. Para se ter uma idéia da voga desta forma nos séculos XIV e XV, é só atentar para o número de baladas compostas por Christine de Pisan (aproximadamente trezentas) e por Eustache Deschamps (mais de mil e cem). A repetição do estribilho inicial no fim de cada estrofe atesta a sua derivação da dança; com a *nouvelle rhétorique* aperfeiçoa-se e acaba fixando a sua forma, cujo esquema típico pode ser assim estabelecido: três estrofes semelhantes pelo metro e pela disposição rimática; cada uma é seguida do refrão. A extensão da estrofe é variável, oscilando entre seis e dezesseis versos, sendo que as *ballades* de seis versos são mais antigas e foram abandonadas durante o século XV; as de catorze a dezesseis versos, por sua vez, também são raras. As estrofes mais praticadas apresentam então entre sete e onze versos, pois os de doze e treze, por imposições de ordem matemática e pelo fato de o alexandrino não estar em voga no século XV, acabam relegadas. Explica-se: a estrofe devia ter tantos versos quantas fossem as sílabas do refrão (inclusive a sílaba feminina, isto é, postônica final). Como os versos não podem exceder a medida do alexandrino – diz Lote – pois com a inclusão da sílaba feminina se teriam treze sílabas, a estrofe não pode mais contar catorze, quinze ou dezesseis versos[29].

29. *Op. cit.*, II, p. 275.

❖ MANUAL DE VERSIFICAÇÃO ROMÂNICA MEDIEVAL ❖

Originariamente os metros são livres, podendo a *ballade* apresentar-se heterométrica (associando, por exemplo, o redondilho ao metro decassílabo; o verso de três ou quatro sílabas aos outros metros). A isometria tende a predominar, e quando chegamos ao século XVI o octossílabo e o decassílabo tornam-se os metros exclusivos. Em sua *Art de Dictier*, Deschamps exemplifica os esquemas rimáticos da *ballade*: para as estrofes de oito versos, as disposições *ababccdd* e *ababcdcd*; para as de nove versos, o esquema *ababbccdd*; para as de dez, *ababbccdcd*. Tais esquemas não eram exclusivos, pois inúmeros outros havia. O *envoi*, que permaneceu na *balada* pós-renascentista (e com a metade do número de versos da estrofe), não era todavia indispensável na *ballade* dos séculos XV e XVI, conquanto sua presença fosse muito freqüente. A estrutura da *ballade*, entretanto, não é determinada, ainda que os teóricos procurassem legislar sobre sua forma. A exigência de Molinet, por exemplo, que consistia na semelhança aritmética entre o número de sílabas do refrão e o número de versos da estrofe, raramente foi observada. A estrofe é divisível, todavia, em dois elementos: uma espécie de *fronte*, de quatro versos, cuja disposição rímica é normalmente *abab*, e uma *cauda*, cujas rimas podem apresentar esquemas variadíssimos; o *refrão*, peça essencial na composição da estrofe, deve formar um nexo ideológico conclusivo com os versos anteriores, à guisa de remate do pensamento do poeta. O refrão, via de regra, era monóstico, podendo, entretanto, ser um dístico e excepcionalmente um terceto.

Do ponto de vista estético, a *ballade* adequou-se perfeitamente aos hábitos do pensamento medieval, tornando-se a forma preferida por excelência – como foi o soneto mais tarde e a ode na Antigüidade clássica. A esse propósito diz Poirion:

> A necessidade de repartir as palavras e as rimas em três séries idênticas, as imagens em três painéis simétricos, as idéias em três etapas lógicas fez deste gênero lírico um meio de expressão eficaz, uma linguagem poética quase universal[30].

Vítima do virtuosismo dos poetas, a *ballade* também apresentou, nestes dois séculos, diversas variações: a *ballade layée*, a *ballade triple*, a *ballade balladant*, a *ballade équivoque, retrograde, léonine*, a *sotte ballade*, a *ballade à rondeau enté*, a *ballade composée*, a *ballade couronnée*, a *double ballade*, a *ballade fratrisée*[31]. Como exemplo da *ballade* comum, vejamos esta da grande baladista Christine de Pisan:

> *Nous devons bien sur tout aultre dommage*
> *plaindre cellui du royaume de France,*
> *qui fut et est le regne et heritage*

30. *Op. cit.*, p. 374.

31. Para um conhecimento de todas estas modalidades, consulte a obra de G. Lote, *Histoire du vers français*, II, pp. 281-285.

❖ MANUAL DE VERSIFICAÇÃO ROMÂNICA MEDIEVAL ❖

des crestïen de plus haulte poissance.
mais Dieux le fiert adés de poignant lance,
par quoy de joye et de soulaz mendie:
pour noz pechiez si porte la penance
nostre bon roy qui est en maladie.

C'est grant pitié, car prince de son aage
ou monde n'yert de pareille vaillance,
et de tous lieux princes de hault parage
desiroient s'amour et s'aliance.
de tous amez estoit tres son enfance:
encor n'est pas, Dieu merci, refroidie
ycelle amour, combien, qu'ait grant grevance
nostre bon roy qui est en maladie.

Si prions Dieu, de treshumble corage,
que ao bon roy soit escu et deffence
contre tous maulz, et de son grief malage
lui doint santé; car j'ay ferme creance,
que s'il avoit de son mal allegance,
encor seroit, quoy qu'adés on en die,
prince vaillant et de bonne ordenance
nostre bon roy qui est en maladie.

(Bartsch, *Chrest.*, p. 89.)

Ainda que a *chanson-royal* pertença a uma tradição diferente da *ballade* (e a ausência de refrão no canto-real é testemunho disso), no século XIV operou-se uma contaminação

❖ Segismundo Spina ❖

das duas estruturas, a ponto de se empregar algumas vezes para o *canto real* a designação de *ballade*; mas, ao contrário desta, ele apresenta cinco estrofes, não três; e um *envoi*, ao invés de refrão. Não raro as duas formas se confundiram, emprestando-se entre si os elementos que na outra faltavam (o *envoi* na *ballade*, o *refrão* no *chant-royal*); porém a extensão deste (cinco estrofes) permaneceu o sinal distintivo das duas formas. Na sua forma típica, portanto, o *chant-royal* se compõe de cinco estrofes e um *envoi*; as estrofes (*unissonans*, isto é, apresentando todas o mesmo esquema rímico) compreendem oito a dezesseis versos, octossilábicos ou decassílabos; o *envoi* é constituído de três versos, sendo que em Deschamps – o mais fecundo dos poetas dessa forma – ora se apresenta com quatro versos, ora com seis (quando a estrofe tem oito ou dez), ora com oito, nove ou dez; em 136 composições desse tipo, apenas em quatro se omite o *envoi*. A introdução do refrão no *chant-royal* se deve a Guillaume de Machaut; de um ou dois versos, o refrão também foi praticado por Eustache Deschamps e pelos demais poetas da escola. No século XV o refrão acaba por tornar-se elemento constitutivo do poema, ao lado do *envoi* (que corresponde à metade da estrofe); se no século anterior o número de versos da estrofe variava de oito a dezesseis versos, essa oscilação se reduz de dez a doze, e o metro preferido se torna o decassílabo. O número de versos da estrofe acaba, como na *ballade*, determinado pelo refrão: se masculino, apresentará a estrofe dez versos; onze versos se feminino. Todavia, vez ou outra se verifica violação deste princípio aritmético, isto é, encontram-se *chantsroyaux* com estrofes de onze versos cujo refrão é um verso masculino de dez sílabas, em lugar de um verso feminino de onze[32].

O *lai*, que Deschamps na sua *Art de Dictier* diz tratar-se de "une chose longue e malaisee a faire et a trouver", exigia do poeta habilidade versificatória e muita experiência artística, em razão da extrema complexidade dessa composição. Os *lais* que Guillaume de Machaut apresenta são já bem diferentes do *lai* primitivo que vigeu no século XIII. Em Machaut sua forma é estabelecida: doze estrofes, sendo que a primeira e a última são idênticas na estrutura e cantadas na mesma melodia; as outras são diferentes na forma, comportando cada qual uma melodia própria. A estrofe é dividida em duas partes, mas a melodia é a mesma; cada uma destas partes é ainda divisível em duas metades iguais, em que a primeira termina numa cadência preparatória (o *ouvert*), e a segunda numa cadência plenária (o *clos*)[33]. Como as duas estrofes do poema – a primeira e a última – são idênticas, segue-se que a composição apresenta onze estrofes de estrutura diferente (com esquema

32. Cf. G. Lote, *op. cit.*, p. 287.

33. Ver as importantes considerações que faz T. Gérold a propósito das melodias dessas composições, *La musique au moyen âge*, pp. 325 e ss.

rímico, metros, número de versos e número de rimas próprios). É assim que se apresenta o modelo de *lai* oferecido por Machaut em seu *Remède de Fortune*: com um total de 249 versos, distribui o poeta em doze estrofes de catorze a 28 versos cada uma, ora isométricos, ora heterométricos. Veja-se, por exemplo, a segunda estrofe desse *lai*:

Et qui vorroit plus souhaidier,
Je n'os cuidier
Si fol cuidier
1ª parte *Que cils aimme de cuer entier*
Qui de tels biens n'a souffisance,   (ouvert)
Car qui plus quiert, il vueil trichier,
S'amours tant chier
L'a que fichier
2ª parte *Deingne par l'ueil de son archier*
En son cuer d'eaus la cognoissance. (clos)
Car on ne les puet esprisier,
Ne trop prisier,
Quant de legier
1ª parte *Puelent de tous maus alegrier,*
Eit faire par leur grant puissance (ouvert)
Un cuer navré sain et legier,
Sans nul dangier,
Et eslongier
2ª parte *De mal, et de joie aprochier*
Sculement de leur remembrance. (clos)

As quatro partes da estrofe são bem nítidas e, como no *lai* do século XIII, os versos curtos predominam (o mais longo é o octossílabo). A *Art et Science de Rhétorique*, preceptiva anônima e composta entre 1524 e 1525, admite, porém, a utilização de versos decassílabos.

Lírica Italiana

Em parte alguma do mundo românico o despertar dos metros poéticos está tão envolvido pelas sombras da incerteza como na Itália. A constituição formal da poesia italiana explica-se não só por uma fortíssima e indiscutível influência franco-provençal, mas também por uma evolução autônoma a partir dos metros da poesia da baixa latinidade, como ainda pelas contribuições da poesia popular nativa. Na altura do primeiro quartel do século XIII, portanto em pleno florescimento da poesia siciliana sob o reinado de Frederico II, podemos dizer que a versificação italiana já se encontra constituída; e, o que é inegável, graças, em grande parte, à influência francesa e provençal. Predominantemente lírica durante a Idade Média, a experiência formal dos poetas italianos dos primeiros tempos até aos albores do Renascimento poderia ser reduzida ao seguinte esquema: a) *formas de criação nacional* (soneto, oitava-rima, madrigal); b) *difusão de formas estrangeiras* (canção, terza-rima e sextina).

❖ Segismundo Spina ❖

Entre as formas líricas populares, convém lembrar uma matriz de grande importância, pois da associação ou desenvolvimento dela surgiram outras formas da poesia literária (como foi o caso do *soneto* e da *oitava*). Trata-se do *strambotto* (*rispetto*). O *strambotto* (que etimologicamente deve prender-se ao provençal (*rims*) *stramps*, designação que se estendeu à estrofe (*stramba*), corresponde ao primitivo *sirventês* românico, uma forma estrófica elementar em curtas séries monórrimas ou seus derivados (por exemplo, o *couplet ab*, ou *aab*, o *couplet* de octossílabos com rimas cruzadas etc.)[34]. O *strambotto* floresceu no sul da Itália e na Sicília, e as suas combinações ou séries a partir do século XIII resultaram em estrofações da poesia culta. Dentre as três formas da canção popular italiana agrupadas por D'Ancona, a mais antiga é a dos *strambotti* meridionais, que consiste na série *ab*, isto é: *ab ab ab ab*; as posteriores, continentais, consistem num processo de alargamento: à repetição *ab ab* se agrega uma *ripresa* variável, normalmente *ab ab cc*, ou *ab ab ccdd*, ou ainda *ab ab abcc* (que resultou na *oitava-rima*). Estas formas correspondem aos *rispetti* toscanos[35].

a) O *soneto*. Resultado da associação de dois *strambotti* (como pretende Leandro Biadene, *La morfologia del sonetto nei*

---

34. Ver Jeanroy, *La poésie lyrique des troubadours*, II, p. 181.
35. *Apud* Jeanroy, *op. cit.*, pp. 382-383.

secoli XIII e XIV)[36], ou um tipo especial de *cobla esparsa* (segundo os teóricos do século XVI)[37], o *soneto* faz a sua aparição na primeira metade do século XIII entre os poetas da escola siciliana durante o reinado sueco de Frederico II, e a Giacomo da Lentino é atribuível a sua paternidade. Tal paternidade talvez se explique pelo "modo com que esse poeta criava a forma expressiva mais adequada a isolar um momento poético e concluí-lo"[38]. Sim, porque todos os poetas de sua escola também praticaram o soneto: Pier della Vigna, Jacopo Mostacci, L'Abate di Tiboli, com os quais Giacomo da Lentino manteve polêmicas poéticas em forma de soneto. Desde cedo, ao lado da forma *abab / abab // cdc / cdc* se praticava também a forma *abba / abba // cde / cde*. Se os quartetos sempre estiveram reduzidos a essas duas possibilidades de esquema rímico (interpo-

36. Biadene era de opinião que a junção de um strambotto de oito versos (*ab, ab, ab, ab*) e um de seis (*ed, ed, ed*) teria resultado na forma do soneto. Para maiores esclarecimentos sobre a tese de Biadene – que faz o soneto originário de formas da poesia popular –, ver K. Vossler, *Formas poéticas de los pueblos románicos*, p. 202.

37. Como uma *cobla esparsa*, o soneto teria mantido a estrutura ternária da *cobla* (já estudada atrás quando examinamos a *cansó* provençal). Etimologicamente o *soneto* não oferece problemas: diminutivo de *son* (que em francês, provençal e galego-português significava "melodia"), o *sonet* franco-provençal derivou para o italiano *sonetto* e daqui para as outras partes da Romênia, com a acepção de "pequena melodia" e, por extensão, "canção ligeira".

38. Cf. Francesco de Sanctis, *Storia della letteratura italiana,* a cura de G. Lazzeri, p. 26, nota.

❖ SEGISMUNDO SPINA ❖

ladas ou cruzadas), os tercetos apresentaram a seguir inúmeras variações: a) com duas rimas alternadas – *cdc / dcd*; b) com duas rimas interpoladas – *cdc / cdc*; e d) com três rimas replicadas – *cde / cde*, e d) com três rimas invertidas – *cde / edc*. Desde logo também o virtuosismo poético foi responsável pela ampliação formal do *soneto*: é o caso do chamado *sonetto doppio* ou *rinterzato*, isto é, soneto reforçado. No soneto *rinterzato* se enxertam hexassílabos nos quartetos (normalmente o $2^{\underline{o}}$ e o $5^{\underline{o}}$ versos); o mesmo procedimento ocorre nos tercetos, aos quais se agrega um verso ou dois (resultando dessa inserção um soneto de vinte ou de 22 versos). Do primeiro caso é exemplo este soneto de Dante:

O voi che per la via d'Amor passate,	a	
attendete e guardate	a	$(2^{\underline{o}}, 6 \text{ s.})$
s'elli è dolore alcun, quanto 'l mio, grave;	b	
e prego sol ch'audir mi sofferiate,	a	
e poi imaginate	a	$(5^{\underline{o}}, 6 \text{ s.})$
s'io son d'ogni tormento ostale e chiave.	b	
Amor, non già per mia poca bontate,	a	
ma per sua nobiltate,	a	$(2^{\underline{o}}, 6 \text{ s.})$
mi pose in vita sì dolce e soave,	b	
ch'io mi sentia dir dietro spesse fiate:	a	
"Deo, per qual dignitate	a	$(5^{\underline{o}}, 6 \text{ s.})$
così leggiadro questi lo core have?"	b	

❖ MANUAL DE VERSIFICAÇÃO ROMÂNICA MEDIEVAL ❖

Or ho perduta tutta mia baldanza,	c
che si movea d'amoroso tesoro;	d
ond'io pover pover dimoro	d (hexas.)
in guisa che di dir mi ven dottanza.	c
Si che volendo far come coloro	d
che per vergogna celan lor mancanza,	c
di fuor mostro allegranza,	c (hexas.)
e dentro de lo core struggo e ploro.	d
(*Vita Nuova*, VII)	

Este exemplo de Guittone d'Arezzo († 1294) ilustra o se-
gundo caso, isto é, o *sonetto rinterzato* de 22 versos:

O felloneschi, o traiti, o forsennati	a
o nemici provati	a $(2^{\text{o}}, 6 \text{ s.})$
de noi stessi, piò d'altri mortali	b
signore, padre aven, c'ha noi creati,	a
e de se comperati,	a $(5^{\text{o}}, 6 \text{ s.})$
e che ben terren danne spiritali.	b
E a regu' eternale hane ordinati,	a
sol per odiar peccati	a $(2^{\text{o}}, 6 \text{ s.})$
e per vertudi amar razionali;	b
se nol seguin, saren qui tribulati,	a
e apresso dannati	a $(5^{\text{o}}, 6 \text{ s.})$
senza remedio o torment' eternali!	b

❖ Segismundo Spina ❖

O miser noi, come non donque amore,	c	
di tanto e tal signore,	c	(hexas.)
o diletto di sì dolze gran bene	d	
lo cor nostro non tene,	d	(hexas,)
e ci fa sol ragion om debitore?	c	
E se dei doni suoi nori sovene,	d	
nè diletto ne vene	d	(hexas.)
di ciò che ne promette, almen lo core	c	
ne dia stringer timore	c	(hexas.)
di tante perigliose eternai pene.	d	

(*Apud* V. Pernicone, p. 260).

Uma outra modalidade de reforço do soneto consiste na inserção de uma cauda em forma de dístico entre as quadras e os tercetos, ficando a rima dependente dos quartetos. Assim:

abab / abab // ab // cde / cde.

Uma forma de *sonetto doppio*, que Massera (A. F. Massera, *Sonetti burleschi e realistici dei primi due secoli, apud* Lazzeri, *op. cit.*, p. 583, nota) considera decalcada no modelo das *coblas tensonadas*, consiste na inserção alternada de dísticos e tercetos de um soneto noutro. O esquema será:

❖ MANUAL DE VERSIFICAÇÃO ROMÂNICA MEDIEVAL ❖

ab /ab /ab /ab /ab /ab /ab /ab // cde / cde / fgh / fgh[39].

Antonio da Tempo, um dos teóricos que com Francesco da Barberino discorreram sobre o soneto (*De rythmis vulgaribus*, 1332), refere-se a sonetos escritos integralmente em versos hexassilábicos, forma que teria derivado do uso de inserção de scenários no *sonetto rinterzato*. Poetas houve, entretanto, que preferiram ao senário versos heptassilábicos ou tetrassilábicos[40].

O *soneto contínuo* assim se chamou porque manteve as mesmas rimas ao largo dos quartetos e dos tercetos, porém só possuímos raríssimos exemplos dessa espécie.

Outra forma em que a estrutura normal do soneto é violentada é a do *sonetto caudato* ou *ritornellato* (em português *soneto estrambótico*): trata-se de um soneto regular seguido de uma cláusula ou remate (*ritornello*) de um a três versos. Na sua forma simples, consta de um decassílabo, que rima com o último verso do soneto: *cdc /c.* Com a ampliação posterior, o *ritornello* passou a ter rimas próprias: *cdc /ee*; no caso do *estrambote* ser de três versos, o esquema rímico compreendeu rimas próprias e rima dependente: *cdc /eec.*

---

39. Exemplos destas modalidades podem ser vistos na obra de Massera, ou de Lazzeri nos apêndices à *Historia della letteratura italiana* de De Sanctis, pp. 583-590.

40. Ver V. Pernicone, "Storia e svolgimento della métrica", in *Tecnica e teoria letteraria*, p. 261.

❖ Segismundo Spina ❖

O soneto só se impôs como forma predileta entre os franceses, espanhóis e portugueses a partir do Renascimento. A experiência do Marquês de Santillana (século XV), escrevendo os seus 42 *sonetos fechos al italico modo*, não encontrou eco: o uso freqüente do decassílabo de arte maior (com acentos nas 4ª, 7ª e 10ª sílabas) deve ter obstado a aclimatação dessa forma poética, que só se realizará no início do século XVI com Boscán e Garcilaso.

A *oitava-rima*: como o soneto, o aparecimento da *oitava-rima* também está envolvido pela incerteza. A sua estrutura, conhecida ainda hoje sob o esquema *ababababcc*, isto é, um sexteto com rimas alternadas e um dístico com rima emparelhada, admite três explicações: 1ª) ou se trata de uma modalidade do *strambotto* (como o soneto), que na poesia popular do sul da Itália assumia a forma *abababab* ou então, por influência de *rispetto* (*ritornello*) toscano, a forma *ababababcc* (tese de Alessandro d'Ancona, seguida por muitos); 2ª) ou a oitava-rima fez a sua aparição como o soneto, isto é, como resultado da fixação de uma forma estrófica isolada: *aba / aba / cc* (opinião de Tommaso Casini); 3ª) ou, mais possivelmente, da *balada* e da *laude* relacionadas com a seqüência, cujo tipo original foi *aaabb*; vigeu na Itália do século XIII uma *laude* do tipo *a*(refrão)*bcbcbca*, cujo refrão inicial, perdida a sua importância, se transplantou para o final da estrofe: *bcbcbcaa* (é a explicação que dá Francesco Flamini, considerada a melhor por Karl Vossler, de quem colhemos estes apontamentos. Diz Vossler que é nas *laudes* que se encontram os mais antigos exemplos de *oitava-rima*[41]). Portanto forma lírica em metro decassilábico nos seus primórdios, ainda em fins do século XIII a *oitava-rima* foi utilizada como forma da poesia épica quando da importação dos temas heróicos da França para a Itália central. Passando por Boccaccio (que dela se utilizou no seu poema épico-novelesco *Teseide*, no *Filocolo*, no *Filostrato*, no *Ninfale*), a *oitava-rima* firmou o seu prestígio como forma da poesia épica a partir dos fins do século XV (Luigi Pulci, Boiardo) até fins do Renascimento (Ariosto, Tasso, Camões etc.). A *oitava-rima* é conhecida também sob a denominação de *oitava-real* ou *oitava-clássica*.

Por analogia com a *oitava-rima* desenvolveram-se a *nona-rima* e a *décima-rima*. A *nona-rima*, cujo esquema era *abababccb*, foi utilizada pelo autor anônimo do poemeto *L'Intelligenza* por volta de fins do século XIII. A *décima-rima* apresenta um reforço dos versos monórrimos: *abababcccb*, de que se encontram alguns exemplos em *laudes* narrativas. Francesco Flamini, que chamava a atenção para a afinidade entre essa estrutura e a estância da balada, oferece exemplos de *décima-rima*, entre eles este *Pianto della Vergine* (século XIII):

---

41. Ver *Formas poéticas de los pueblos románicos*, pp. 211-212.

❖ Segismundo Spina ❖

O divina potenza che 'n ciel regni,
perchè m'hai oggi tanto guerreggiata?
Lo figliuol che mi desti, come 'l degni
che sia diviso da me sconsolata?
Lo suo riposo sta 'n su quattro legni,
e 'nfranta è la sua carne e 'nsanguinata.
S'io lo riguardo, quasi non pare esso,
tanto mi pare lividato spesso!
Già non par quel che disse lo tuo messo
Gabriel, quando m' ebbe annunziata[42].

O *madrigal.* Esta forma, cuja etimologia não está defini-
tivamente estabelecida (de *mandriale,* de *materiali, madriale,*
especialmente *madrugare, matricalis* (de *matrix* = madre igre-
ja)?) realiza a sua aparição entre fins do século XIV e princí-
pios do século XV. De estrutura vária, a sua forma típica
seria *abb / cdd / eff / (gg) / (hh),* sendo que o esquema rímico
varia muito e o metro predominante é o decassílabo; com-
põe-se, pois, de dois ou três tercetos seguidos de um dístico
ou dois que lhe dão remate. Veja-se este segundo madrigal
de Petrarca no seu *Cancioneiro,* formado de dois tercetos
decassilábicos mais dois dísticos com rima alternada: *aba /*
cdc / ef / ef:

---

42. *Apud* V. Pernicone, *loc. cit.,* p. 264.

> *Perch'al viso d'Amor portava insegna,*
> *Mosse una pellegrina il mio cor vano;*
> *Ch'ogni ultra mi parla d'onor men degna.*
> *E lei seguendo su per l'erbe verdi,*
> *Udì dìr alta voce di lontano:*
> *Ahi quanti passi per la selva perdi!*
> *Allor mi stringi a l'ombra d'un bel faggio,*
> *Tutto pensoso; e rimirando intorno,*
> *Vidi assai periglioso il mio viaggio;*
> *E tornai in dietro quasi a mezzo 'l giorno.*
>   (*Canz.*, I, 54)

Boccaccio também cultivou o madrigal, cujo esquema rímico é mais livre (apresentando, por exemplo, até três versos não rimados). Forma afeita à execução musical desde a sua origem, o madrigal era cantado a duas ou três vozes; no Renascimento a estrutura primitiva em terceto começa a ser abandonada em virtude da inserção de diversos hexassilábicos entre os decassílabos, e o caráter musical acaba sobrepujando o madrigal como composição poética.

b) A *canção*. Vimos já, páginas atrás, a estrutura típica da *cansó* provençal, a sua divisão ternária e a teorização de Dante no seu *De vulgari eloquentia*. Ainda que Petrarca se utilize da canção segundo o mesmo paradigma das de Dante e demonstre a pretensão muitas vezes de continuar a tradição provençal, é com ele que se tornam definitivos os esquemas métricos da

❖ Segismundo Spina ❖

canção[43]. O esquema estrófico normal da canção em Petrarca apresenta as estrofes com sua partição trina, sendo que a *fronte* (composta de dois grupos de *pés*) se liga à *sirima* (correspondente da *cauda*) pela *chiave*; a *tornada* (= fiinda) que, em número de uma, ou duas mais freqüentemente, ou raramente três, rematava a canção provençal, chegou a não figurar em algumas canções dos poetas estilnovistas e até em Petrarca, mas excepcionalmente, pois o uso do *commiato* veio substituí-la. Assim, o esquema usual da estância petraquista seria, exemplificando:

> *Ne la stagion che 'l ciel rapido inchina*
> *verso occidente, e che 'l dì nostro vola*   ⎫ PÉS ⎫
> *a gente che di là forse l'aspetta;*   ⎬   ⎬ FRONTE
> *veggendosi in lontan paese sola,*
> *la stanca vechierelle pellegrina*   ⎭ PÉS ⎭
> *raddoppia i passi, e più e più s'affretta;*
> *e poi così soletta*   ⎫
> *al fin di sua giornata*   ⎬ CHIAVE
> *talora è consolata*   ⎭
> *d'alcun breve riposo, ov'ella oblia*   ⎫
> *la noia e 'l mal de la passata via.*   ⎪
> *Ma, lasso!, ogni dolor che 'l dì m'adduce*   ⎬ SIRIMA
> *cresce qualor s' invia*   ⎪
> *per partirsi da noi l'eterna luce.*   ⎭
>   (*Canz.*, I, 50)

43. Cf. E. S. Covarsi, *La canción petrarquista en la lírica española del siglo de oro*, p. 48.

❖ MANUAL DE VERSIFICAÇÃO ROMÂNICA MEDIEVAL ❖

Tal estrutura não significa que Petrarca não introduzisse novidades no esquema da estrofe e da canção, ora mudando os metros, ora alongando a extensão do *commiato* e os versos da *sirima*. Relativamente à extensão das estrofes, podemos dizer que o número de versos chega a oscilar entre sete e vinte. Dante escreveu uma canção com estâncias de 21 versos. Das variações introduzidas por Petrarca na canção tiveram consciência os seus continuadores, que por sua vez também alardearam originalidade nas suas imitações. Portanto, a tradição métrica da canção provençal, um dos grandes achados da versificação medieval, pôde manter-se e florescer largamente durante o Renascimento, graças à militância poética dos estilnovistas, da *Vita Nuova* de Dante e principalmente do *Cancioneiro* de Petrarca.

Se a Petrarca se deve a permanência da tradição provençal da canção, a Dante se deve o timbre indelével da *terza-rima*, adotada da composição do seu poema máximo. Os elementos fundamentais dessa forma métrica são encontráveis já no sirventês provençal de tipo *caudato*, formado de uma estrofe de três versos monórrimos (normalmente decassílabos), seguidos de um tetrassílabo que dava rima à estrofe subseqüente. Assim: *AAAb – BBBc – CCCd...* Pernicone lembra, muito a propósito, que não nos devemos esquecer de que os dois tercetos do soneto poderiam ter sido a sugestão inicial da nova forma[44]. A *terza-*

44. Ver *loc. cit.*, p. 262.

151

❖ Segismundo Spina ❖

rima apresenta-se pois como uma série de estrofes ternárias em decassílabos, cujo primeiro verso rima com o terceiro e o segundo dá a rima para o terceto seguinte, terminando por um verso que rima com o segundo da última *terzina*: *aba / bcb / cdc... yzyz*. Na "Introdução" à sua versão alemã do poema de Dante, Karl Vossler diz que

[...] o terceto encontra-se na raiz estrutural de todo o poema, e mais do que isso, na simbologia numeral em que se apóia o mundo ultraterreno e no conceito de Deus uno e trino. Não se trata de uma exterioridade formal, senão de uma característica fundamental de todo o símbolo dantesco[45].

Da *Divina Comédia* derivou para os *Trionfi* de Petrarca e para a *Amorosa Visione* de Boccaccio, daí passando para os poetas do Renascimento.

Finalmente a *sextina*, cujo aparecimento talvez se explique por mero virtuosismo versificatório. Modalidade poemática criada pelo trovador provençal Arnaut Daniel, como tantas outras surgidas no período de declínio dos movimentos poéticos, a *sextina* compõe-se de seis estrofes e um terceto final; o esquema rímico é substituído pela repetição das palavras finais da primeira estrofe nas posteriores, mas em ordem diferente; esta ordem é sistemática, isto é, as estrofes subseqüen-

45. *Apud* Karl Vossler, *Formas poéticas...*, p. 215, nota.

tes reproduzem no primeiro verso a última palavra do sexto verso da estrofe anterior; os demais versos vão reproduzindo alternadamente as palavras do começo e do fim da mesma estrofe, até formar o sexteto. O terceto final pode repetir as três últimas palavras da sexta estrofe ou apresentar variações. O esquema, portanto, representado alfabética e numericamente, será:

1a	6f	3c	5e	4d	2b				
2b	1a	6f	3c	5e	4d		2b	1a	1a
3c	5e	4d	2b	1a	6f	terceto final:	4d	3c	6f
4d	2b	1a	6f	3c	5e		6f	5e[46]	3c etc.
5e	4d	2b	1a	6f	3c				
6f	3c	5e	4d	2b	1a				

O metro é o decassílabo, sendo que o seu inventor, Arnaut Daniel, usa, às vezes, o heptassílabo como verso inicial das estrofes. Tal forma métrica foi transplantada para a literatura italiana pelo grande admirador de Arnaut: Dante Alighieri, que se orgulhava de imitá-lo; não só de imitá-lo, mas ainda de suplantá-lo com um tipo de sextina mais complicado, a que se chamou *sextina doppia* ou *rinterzata*. No seu *De vulgari*

---

46. As sextinas camonianas reproduzem exatamente esse esquema, sendo que o terceto final de uma delas (*Quanto tempo ter posso da vida*) reproduz as três últimas palavras da 6ª estrofe em ordem ascendente, isto é: 3 -- 4 – 2.

❖ Segismundo Spina ❖

eloquentia Dante fala em algo de novo e ainda não realizado na arte (*novum aliquid atque intentantum artis*, II, 13), exemplificando com o seu poema "Amor, tu vedi ben che questa donna", o caso da sextina dupla. Alfred Jeanroy diz que a referida canção de Dante é qualificada inexatamente de *sextina doppia* pelos historiadores da literatura italiana, pois ela não atende a todas as características da *sextina*; e as modificações que Dante introduziu nessa nova forma poemática são explicáveis por processos praticados pelos trovadores[47]. Dante estava, porém, convicto de que realizava uma novidade formal, pois no próprio texto de sua canção afirma: "La novità che per tua forma luce / Che mai non fu pensata in alcun tempo". Jeanroy, entretanto, diz que o único exemplo de sextina dupla é a canção de Petrarca "Mia benigna fortuna", em que as seis últimas estâncias reproduzem simplesmente o esquema das seis primeiras[48].

Para ilustrar a sextina simples, vejamos este exemplar do poeta italiano:

Al poco giorno e al gran cerchio d'ombra	a1
son giunto, lasso!, ed al bianchir de' colli,	b2
quando si perde lo color ne l'erba;	c3

---

47. Ver "La *sextina doppia* de Dante et les origines de la sextine", *Romania*, XLII, 1913, pp. 48-489.

48. *Idem*, p. 482, nota 2.

❖ MANUAL DE VERSIFICAÇÃO ROMÂNICA MEDIEVAL ❖

e 'l mio disio però non cangia 'l verde,	d4
sì è barbato ne la dura petra	e5
che parla e sente comme fosse donna.	f6
Similemente questa nova donna	f6
si sta gelata come neve a l'ombra;	a1
ché non la move, se non come petra,	e5
il dolce tempo che riscalda i colli	b2
e che li far tornar di bianco in verde	d4
perché li copre di fioretti e d'erba.	c3
Quand'ella ha in testa una ghirlanda d'erba,	c3
trae de la mente nostra agn'altra donna,	f6
perché si mischia il crespo giallo e 'l verde	d4
sì bel, ch'Amor lì viene a stare a l'ombra,	a1
che m'ha serrato intra piccioli colli	b2
più forte assai che la calcina petra.	e5
La sua bellezza ha più vertù che perta,	e5
e 'l colpo suo non può sanar per erba:	c3
ch'io son fuggito per piani e per colli,	b2
per potere scampar da cotal donna;	f6
e dal suo lume non mi può far ombra,	a1
poggio ne muro mai, né fronda verde.	d4
Io l'ho veduta già vestita e verde	d4
sì fatta, ch'ella avrebe messo in petra	e5
l'amor ch'io porto pur a la sua ombra:	a1

❖ Segismundo Spina ❖

ond'io l'ho chèsta in un bel prata d'erba,   c3
innamorata com'anco du donna,   f6
e chiuso intorno d'altissimi colli.   b2

Ma ben ritorneranno i fiumi a' colli   b2
prima che questo legno molle e verde   d4
s'infiammi, come suol far bella donna,   f6
di me, che mi torrei dormire in petra   e5
tutto il mio tempo e gir pascendo l'erba,   c3
sol per veder do' suoi panni fann'ombra.   a1

Quandunque i colli fanno più nera ombra   a1
sotto un bel verde la giovane donna   f6
la fa sparer, com'om petra sott'erba.   c3
      (Dante, *Il Canz.*, XLVIII.)

Talvez inspirado nas próprias considerações que faz Dante no seu *De vulgari eloquentia* a propósito das inovações de Arnaut Daniel, Vossler tentou estabelecer a série de operações métricas que foi sofrendo a canção até chegar à *sextina*. O fato de esta modalidade estrófica apresentar ausência de rima e ligação estrófica mediante a repetição da última palavra da estrofe no fim do primeiro verso da estrofe subseqüente levou o ilustre filólogo a imaginar uma seqüência de artifícios artísticos à base da *rima singular* e da *cobla capfinida*. Isto é: fugindo à monotonia da unidade rímica em todas as estrofes, o poeta introduziu em cada estrofe um verso sem rima (*rima singular, palavra perduda*), fazendo-o todavia rimar com um verso, no lugar correspondente, da estrofe posterior; com a multiplicação do verso sem rima, deu-se depois um passo mais, e trovadores como Raimbaut d'Aurenga, Arnaut e Marueil e Arnaut Daniel acabaram compondo estrofes inteiras com versos sem rima. Nesta altura, Arnaut Daniel imagina substituir a rima pela identidade das palavras, repetindo-as metodicamente nas estrofes – conforme esquema que examinamos. E assim se chegou à estrutura da *sextina*. Petrarca retomou a tradição, mantida no século XV por Sannazzaro, e favorecendo assim a sua transmissão para os poetas do Renascimento.

Lírica Hispano-portuguesa

Antes dos poetas do *Cancioneiro de Baena* (1445), pode-se dizer que a poesia lírica espanhola é praticamente inexistente; de existência puramente oral e não documentada, floresceu esporadicamente em dois poemas religiosos, cujos autores (Gonçalo de Berceo, 1180?–1247?, e Afonso X, o Sábio, 1221-1284) metrificaram as lendas da tradição marial: Berceo com os *Miraclos de Nuestra Señora*; Afonso X com as *Cantigas de Santa Maria*. Ambos trovadores da Virgem, o poema do rei Sábio, entretanto, pertence pela língua à literatura galego-portuguesa. Misto de épico e de lírico – épico pelo processo narrativo, por inúmeros ingredientes típicos do gênero, inclusive pelo metro, e lírico pelas imagens com que compara a Virgem aos prados sempre verdejantes, por certas descrições e pelo fervor religioso da inspiração – o poema de Berceo instala-se no chamado *mester de clerecía*, tendência culta em oposição à poesia de inspiração popular e métrica irregular do *mester de juglaría*. Por esta razão a versificação do poema de Berceo será examinada no capítulo referente à poesia épica espanhola.

Entre os poetas da corte de D. João II na Espanha (cujo reinado ocupa os anos de 1419 a 1454) e o fim do reinado de D. Manuel em Portugal (1521), a poesia lírica da Península, espanhola e portuguesa, apresenta certa similitude, fruto que é da vida galante e palaciana, em que a frivolidade e o refinamento, o gosto pelos torneios e pela discreta conversação se tornam os móveis fundamentais da vida social. A par de um enfraquecimento da influência francesa, a literatura poética peninsular do fim da Idade Média acusa um influxo decisivo da poesia alegórica de Dante, da poesia lírica de Petrarca, da novela sentimental de Boccaccio, do movimento humanístico que abre as portas do Renascimento, da burguesia que se afirma, do movimento neoplatônico de Florença e da cultura clássica greco-latina. A nobreza vai sendo progressivamente concentrada nos salões do paço, à mercê de uma política estratégica dos monarcas, e a poesia de todo um século (desde o *Cancioneiro de Baena*, 1445, até ao *Cancioneiro Geral* de Garcia de Resende, 1516), passando pelos poetas do gótico florido da corte de D. João II (Juan de Mena, Marquês de Santillana), reflete essa convergência de fatores culturais e literários.

Do ponto de vista métrico, a produção poética desta centúria oferece uma certa unidade, ainda que os mais antigos poetas do *Cancioneiro de Baena* se mantenham compromissados com a primitiva poesia galego-portuguesa, e os mais recentes poetas do *Cancioneiro Geral* já revelem admiração pela poesia da Antigüidade clássica (veja-se, por exemplo, a tradução de algumas *Heróides* de Ovídio). Infelizmente não dispomos de artes poéticas ou manuais versificatórios da época que nos possam ministrar informações a respeito das formas métricas dessa poesia. Apenas a *Arte de poesía castellana* de Juan del Encina, ainda que superficial, algumas vezes confusa ou contaminada por certos preceitos do formalismo clássico, poderá ser de utilidade, sobretudo na parte relativa à nomenclatura versificatória[49]. Encina chamava *pé* ao *verso*; chamava *verso* a um conjunto de pés; a *copla* podia constar de um *verso* apenas (se este fosse formado de quatro a seis pés); de dois versos, se fosse além de seis pés. No Capítulo IX Encina distingue dois

---

49. A Poética do famoso inspirador do teatro vicentino encontra-se reproduzida no vol. III de *Historia de las ideas estéticas en España*, de M. Menéndez y Pelayo, Apêndice V, pp. 191-206.

tipos de pés: o *pé de arte real* (que corresponde ao que ainda chamamos de *verso de arte maior*). Encina não é claro quando se refere aos *versos* (conjunto de *pés*) que formam o *mote* da composição, cujo número de pés distingue o *vilancico* da *canção*: se de um pé, dois ou três, teremos o *vilancico* (ou *mote* (!) diz ele); se com mais de três, teremos a *canção*[50].

Dadas as suas tendências literárias que manifestam os poetas do *Cancioneiro de Baena*, uma de raiz tradicional – a galaico-provençal – e a outra de inspiração italiana – a alegórico-dantesca – os poetas pertencentes à primeira corrente são os mais antigos, comprometidos como estão com a temática, a língua e os metros tradicionais galego-provençais: praticam de preferência os versos de arte menor (tal como o redondilho maior); os poetas de tendência italianizante, porém, fazendo uso de um castelhano livre de galeguismo, empregam sistematicamente a "copla de arte maior", formada de oito versos hendecassilábicos de ritmo datílico, rimando segundo o esquema *abbaacca*. Tendo sido utilizada no século XIV por Pero López de Ayala (1332-1407), este tipo de estrofe se tornará do-

---

50. Para o conhecimento da terminologia versificatória, consultar o artigo de Henri Lang, "Las formas estróficas y términos métricos del *Cancionero de Baena*", in *Estudios in memoriam de A. Bonilla y San Martín*, Madrid, 1927, I, pp. 485-525. Para um estudo de conjunto, amplo e minucioso, ver o trabalho monumental de Pierre Le Gentil, *La poésie lyrique espagnole et portugaise à la fin du moyen âge*, II.

❖ MANUAL DE VERSIFICAÇÃO ROMÂNICA MEDIEVAL ❖

minante nas composições de caráter alegórico. Entretanto, os gêneros poéticos deste *Cancioneiro* se atropelam sob as designações de *decir, cantiga, estribote* (mais raramente), *pregunta, recuesta, petición* etc., com predominância das duas primeiras. Aliás os poemas do *Cancioneiro de Baena*, de um modo geral, podem ser classificados em dois grupos: o dos *decires* e o das *cantigas*. Nem sempre, todavia, é fácil estabelecer a distinção entre *decir* e *cantiga*, tanto formal como tematicamente. *Decir* ora aparece designando peças de caráter lírico, ora composições lírico-narrativas e alegóricas; processos que seriam típicos da *cantiga* (como sucessora da *cantiga de maestria* galego-portuguesa) são encontráveis, às vezes mais freqüentemente, nos *decires* – tal como a *fiinda*, a curta extensão do poema etc. Rafael Lapesa esposa as conclusões de Pierre Le Gentil:

A *canção* está feita para o canto, enquanto o *decir* era um poema destinado a ser dito, isto é, lido ou recitado. Na categoria de *decires* entravam poemas não musicais, procurassem eles doutrinar, ou fossem elegíacos, burlescos ou amorosos, líricos ou narrativos. Sua extensão, no mais das vezes, era maior que a das canções. Consistiam estas, quase sem exceção, num estribilho ou caput glosado por uma ou várias estrofes, ao largo das quais se repetia, quando menos, uma das rimas do estribilho. Os *decires* careciam de estribilho, e suas estrofes não mantinham entre si mais elemento comum do que a identidade de estrutura[51].

51. *Los decires narrativos del Marqués de Santillana*, p. 14.

❖ SEGISMUNDO SPINA ❖

A poesia da segunda metade do século XV, portanto posterior à do *Cancioneiro de Baena* e correspondente à dos poetas do *Cancioneiro de Stúñiga* (1493), do *Cancionero General* de Hernando de Castillo (1511) e do *Cancioneiro Geral* de Garcia de Resende (1516), oferece modificações de vária espécie na técnica poética: os velhos processos do *leixa-pren*, do *dobre* e do *mordobre*, da *arte de macho e fêmea* – nos quais se exercia o virtuosismo dos poetas antigos[52] – são postos de lado, bem como a *maestria mayor* (correspondente das *coblas unissonans* da poesia provençal). O traço mais característico, porém, da poesia nessa época – diz Pierre Le Gentil – é certamente o prestígio cada vez maior de que vão gozando os poemas de forma fixa, a *canção* e o *vilancico* (*vilancete*)[53].

Vejamos, então, as coordenadas fundamentais da nova técnica versificatória, de particular interesse para o conhecimento

---

52. A *arte de macho e fêmea* consistia na alternância rítmica da mesma palavra (nas suas formas masculina e feminina). Assim:

> Alvaro, señor *bendito*,
> Leal persona *bendita*,
> Non vos pesse que *rrepita*.
> Algo que yo aqui *rrepito*
> Mas guardat me del *maldito*,
> Lengua susia, vil, *maldita*
> etc.
> (*Canc. de Baena*, 183).

53. Ver *La poésie lyrique espagnole et portugaise...*, I, p. 10.

das formas mais praticadas pelos poetas portugueses e espanhóis do *Cancioneiro Geral* e pelo mais alto representante desse tipo de poesia tradicional: Camões.

De um modo geral, as composições dessa época podem ser classificadas em dois grandes grupos:

> a) *poemas com mote*: o *vilancete* (villancico, vilhancico), a *cantiga* e a *glosa*;
> b) *poemas sem mote*: a *trova*, a *esparsa*, o *romance*, o *epigrama*.

Essa terminologia não era segura, mesmo entre os poetas do tempo. *Villancico* também se empregava para designar o refrão popular (vejam-se, por exemplo, no *Cancioneiro Geral*, no *Cancionero Castellano*, rubricas como: "otro villancico. Las copias son de Nicolás Nuñez"). Outras vezes o *Cancioneiro Geral* assinala como *vilancete* refrão de quatro versos, e *cantiga*, refrão de três versos. Santillana parece ser o primeiro a empregar a palavra *villancico*, cujo sentido é o de "poema à volta de um refrão rústico ou tema rústico". Mas o poema passou a versar também temas corteses; nessa altura então o *villancico* começa a perder o sentido de "peça com tema popular", para adquirir o de "peça com forma popular e rústica". Daí que no século XV o *villancico* termina por ser considerado um tipo de composição com forma fixa, caracterizada pela natureza do seu refrão, isto é, por um refrão curto de dois ou três versos. De início, o *vilancete* espanhol, que aparece no *Cancioneiro de Baena*, tem o nome de *estribote*. Nesta altura os vilancetes e as cantigas caem em descrédito com a nova invenção de Micer Imperial – o *decir* alegórico. Só na segunda metade do século XV o vilancete retoma o seu prestígio, conhecendo até o Renascimento uma voga extraordinária.

a) Poemas com mote

A estes poemas se deu o nome de redondilhas, dada a estrutura em forma redonda – como veremos. O *mote* constitui um motivo prévio, *a priori* à criação poética, que já vem versificado, e sobre o qual se constroem as estrofes do poema. O mote pode ser representado por um *cantar velho* (*cantarcico*), ou por um farrapo de poesia popular, por um fragmento poético (em forma de paradoxo, de paralogismo, de provérbio ou de trocadilho), lançado por alguém ao poeta, ou ser criação do próprio poeta. Este último tipo de mote apresenta sobre os demais a vantagem de suscitar poemas esteticamente superiores, pois aos motes que se oferecem ao poeta vão corresponder glosas e voltas improvisadas, cujo valor reside unicamente na habilidade versificatória com que o poeta glosará o mote. (Aliás o critério de valorização, no tempo, consistia no talento e na destreza do poeta na paráfrase do mote proposto.) Esse gosto de esgrimir, da competição poética suscitada pela vida galante nos saraus do paço, prejudicou muito a poesia, que via de regra descambava para o mero artificialismo de forma e conteúdo. As melhores redondilhas são, pois, aquelas cujo mote é criação do próprio poeta.

1. O *vilancete*, ou *villancico*, ambos de origem espanhola, são formados evidentemente sobre o tema de *vilão*. A poética fragmentária do *Cancioneiro de Colocci-Brancuti* refere-se às cantigas de *vilão*, espécie rústica e portanto incancioneirizável. Carolina Michaëlis tentou reproduzir a forma original destas cantigas, em sua *A Saudade Portuguesa* (pp. 98-101), de vez que a referida poética trovadoresca aparece muito deturpada nessa parte em que fala das *cantigas de vilão*. O vilancete seria um alargamento artístico, literário, das primitivas cantigas de vilão? Não estamos em condições de dizer.

Na sua forma típica, o *vilancete* é formado de um mote que varia de um a três versos; a estrofe é musicalmente tripartida. Assim:

Mote: (monóstico, dístico ou trístico)

Copla:
- *fronte ou mudança*: divisível em dois elementos simétricos; a melodia é diferente da do refrão, mas igual nos dois elementos.
- *cauda ou volta*: cantada sobre a melodia do refrão[54].

---

54. Chamar de *volta*, pura e simplesmente, as estrofes do vilancete parece-nos inexato tecnicamente. No entanto, é assim que aparece em todos os editores dessa poesia.

❖ SEGISMUNDO SPINA ❖

O número de coplas ou estrofes é variável, independente portanto do mote. O metro é representado pelo verso redondilho, de cinco ou sete sílabas. As referências aos aspectos musicais da composição não querem dizer que se trata de poesia musical, mas adaptável a uma melodia musical (como as muitas peças desse tipo que aparecem no *Cancioneiro Musical de Barbieri* com as respectivas melodias).

Como se observa, o sistema métrico é o mesmo do das *Cantigas de Santa Maria* de Afonso X, o Sábio, e do *virelai* francês. Daqui poderíamos dizer então que os motes de dois versos seriam os mais antigos, a lembrarem aquelas cantigas religiosas do rei Sábio, os *rondéis* e os *virelais* franceses; o vilancete de refrão em terceto seria, pois, de introdução mais recente (*aba* / ou / *abb*).

2. A *cantiga*: o termo *canção* é novo; até à época do *Cancioneiro de Baena* (1445) usava-se a palavra *cantiga*. A *cantiga* é também um tipo particular de poema de forma fixa, em oposição ao vilancete; a estrutura musical das duas, porém, é semelhante. As diferenças entre a cantiga e o vilancete consistem em que:

a) a *cantiga* tem o refrão (*ou mote*) mais longo: quatro ou cinco versos;

b) é mais curta estroficamente, comportando normalmente uma estrofe, raramente duas ou três (conforme o poeta);

❖ MANUAL DE VERSIFICAÇÃO ROMÂNICA MEDIEVAL ❖

c) a cantiga é uma forma essencialmente cortês e erudita, e quase exclusivamente reservada a temas amorosos.

Normalmente, se o tema inicial ou mote apresenta quatro versos, a copla ou estrofe compõe-se de oito versos; se apresenta cinco, a copla terá nove; as infrações a esta regra são excepcionais.

A tendência que tem a cantiga a reduzir-se a apenas uma estrofe explica-se pelo seu caráter refinado; nela o poeta busca intencionalmente isolar e concentrar o tema, criando assim a obscuridade. A estrutura escolástica da composição torna-se evidente: o mote propõe um tema, a que se segue um comentário, variação ou explicação (*mudança* ou *fronte*) e uma conclusão (*volta*), que é um retorno à idéia inicial.

Relativamente à *volta* ainda, podemos classificar a cantiga em: a) *imperfeita*, quando ela não apresenta a *cauda-volta* rigorosamente feita sobre o refrão; b) *perfeita* (que constitui a maioria), quando o poeta se limita a retomar as rimas do refrão, processo esse mais antigo: *abba / cdcd / abba*; ou então retomar uma *palavra-rima* ou todas as *palavras-rimas* do refrão, ainda quando realiza um retorno à maneira de refrão (isto é, repetição de um verso do refrão, que é processo típico da *glosa*). Assim esta cantiga de Gomes Manrique:

> *O muy discreta donzella*
> *por quien sufro pesar fiero*

sabed que vos soys aquella
por cuyos amores muero!

Fasta aqui yo porfie
por no ser enamorado,
mas despues que vos mire,
olvide lo porfiado.
E por vos ver tanto bella,
amovos, aunque no quiero,
mas que a ninguna donzella,
por cuyos amores muero.
(*Cancionero Castellano*, 322.)[55]

3. A *glosa*: apresentado o mote, tema inicial, o restante da composição reduz-se a uma paráfrase, um comentário do mote. Às vezes o poeta acomoda toda uma história ao mote. As combinações possíveis são muitas, pois o poeta pode glosar uma cantiga inteira, um vilancete ou até um romance. E a glosa consiste em retomar sucessivamente cada verso do mote, numa composição cuja extensão é variável e dependente da opção técnica do próprio poeta. A glosa torna-se, assim, uma modalidade distinta das outras formas poéticas fixas. Escolhido o sistema de glosa, o poeta compromete-se a mantê-lo em toda a composição, isto é: reproduzir nos lugares próprios, escolhidos pelo poeta, os versos emprestados do mote. O poe-

55. Ver P. Le Gentil, *op. cit.*, II, pp. 266-269.

ta, portanto, retoma, em cada estrofe, ora um verso, ora dois, até mesmo quatro; esses versos serão inseridos, na copla, onde o poeta achar melhor, sob a condição de manter-se até ao fim da composição fiel à disposição escolhida. Se o poeta, por exemplo, retoma um só verso do mote por estância, este verso costuma ser o primeiro, ou mais freqüentemente o último da estrofe. (Em Camões é esse o sistema exclusivo); via de regra são citados dois versos por estrofe, um no meio, outro no fim (mas há outras combinações possíveis). Donde se conclui que a extensão da glosa é variável mas não arbitrária, pois a sua estrutura dependerá do processo de inserção de versos na copla escolhido pelo poeta.

Em Camões, por exemplo, dadas as possibilidades artísticas do poeta, novos processos podemos encontrar: por exemplo, na glosa ao mote alheio "Campos bem-aventurados..." (ed. J. M. Rodrigues, pp. 39-40), Camões pratica pura e simplesmente a *glosa* típica; em outras não respeita o sistema de inserção, contaminando a glosa com processos que são típicos do vilancete. Da mesma forma, vários são os vilancetes em Camões em que se verifica a inserção de versos do refrão inicial, processo que é exclusivo da glosa (sirva de exemplo o vilancete "Descalça vai para a fonte" ou mesmo "Descalça vai pela neve")[56].

---

56. A propósito do caráter escolástico da *glosa*, cuja estrutura se explica

❖ Segismundo Spina ❖

Para os afeiçoados da gênese das formas e dos processos, verificar que a técnica da inserção de versos do refrão na estrofe é muito recente na lírica hispânica (por volta de 1450); mas como processo não é desconhecido de formas mais antigas, embora em circunstâncias diferentes: os *rondéis* da França do norte já o conheciam; Janer chega a falar de uma influência das formas arábigas andaluzes sobre a glosa, e nós sabemos que as *moaxahas* parecem proceder de uma forma oriental mais antiga, o *musammat*, que é em princípio um rudimento de glosa, pois insere na estrofe hemistíquios do verso-prelúdio:

1. verso-prelúdio   .... a   .... a

2. estrofe   .... b   .... b
                .... b   .... b
                         .... a

3. etc.

Não cremos que essa poesia pré-islâmica, praticada esporadicamente por volta do século XI (Ibn Zaidun (1003-1070), poeta andaluz, compôs dois poemas desse tipo) tenha podido influir na poesia hispânica do século XV.

pelos hábitos dedutivos do pensamento medieval (parafrasear, comentar os textos), e sobre a "hispanicidade" da glosa, ver os dois importantíssimos artigos de Leo Spitzer e Hans Janer, o primeiro publicado na *Modern Philology* (1943-1944, pp. 96-102), e o segundo na *Revista de Filología Española* (1943, pp. 181-232), intitulado "La glosa española, estudio histórico de sus temas".

b) Poemas sem mote

Como poemas desse tipo temos inicialmente a *trova*, formada de duas ou mais estrofes; e a *esparsa*, de ascendência provençal, composição monostrófica que compreende oito a dezesseis versos, forma largamente cultivada em Portugal e na Espanha na segunda metade do século XV.

Dentre as reminiscências da poesia medieval no século XVI, apenas em Gil Vicente se observa o uso do processo da *paralelística*. Isso prova a tradição oral dessa técnica poética de raízes folclóricas, conforme restauração que José Joaquim Nunes fez dessas cantigas paralelísticas através da lírica vicentina. Aliás a tradição das paralelísticas não morreu, pois continuou nas chamadas *muiñeras* galegas, em certas cantigas asturianas, e ao tempo de Leite de Vasconcelos se atestava ainda a sua existência no Concelho de Bragança (Paradas, Rebordainhos), em Trás-os-Montes[57].

---

57. Ver de J. J. Nunes, "As Cantigas Paralelísticas de Gil Vícente", *Revista Lusitana*, XII, pp. 241-267; de Eugenio Asensio, "Gil Vicente y las cantigas paralelísticas 'restauradas'. Folclore o poesia original?", *Poética y realidad en el cancionero peninsular de la Edad Media*, pp. 133-180.

POESIA ÉPICA

Épica Espanhola

a) Mester de Juglaría

Ao longo de seus estudos sobre o assunto, Pidal sempre sustentou, na esteira de Menéndez Pelayo, a continuidade de uma métrica primitiva da épica espanhola, anisossilábica desde o século XII ao século XV, ao contrário do que se verificava na poesia épica francesa, que desde logo superou a tradição românica. A gesta francesa, desde o primeiro exemplar conhecido (*La Chanson de Roland*, 1100), já se apresentou elaborada por uma jogralia diferente da espanhola, pois, enquanto esta permaneceu fiel à irregularidade métrica, a francesa sempre se compôs com sílabas contadas. Entretanto, no início das duas literaturas épicas, o uso da rima assoante era comum; mas, à medida que avançamos para além de 1150, a

❖ Segismundo Spina ❖

épica francesa vai progressivamente abandonando a assonân-
cia, ao contrário da espanhola, que também nesse uso se man-
tém fiel a uma velha tradição românica[1]. Pidal acredita que
nos primórdios da épica francesa o metro também tenha sido
anisossilábico, a crer pelas gestas anglo-normandas e franco-
italianas, que florescendo em áreas periféricas da França se
apresentam essencialmente arcaizantes[2]. Por conseguinte,
quem pretenda estudar as condições primitivas da épica ro-
mânica terá que partir do exame da épica espanhola, que
guardou da tradição os processos mais arcaicos – como a rima
assoante e a irregularidade métrica.

O metro, pois, da poesia épica espanhola, no *Cid* (século
XII) e no fragmento de *Roncesvalles* (século XIII), bem como
nas gestas que conhecemos através das prosificações (*Cantar
de los Infantes de Lara*, século XIV, e *Cantar de Rodrigo*, apro-
ximadamente de 1400) era anisossilábico, isto é, irregular. Di-
vidido o verso em dois hemistíquios (de 7+7 sílabas, 6+7, 7+8,
6+8, 8+8 etc.), o número de sílabas oscilava entre o decassílabo
e o verso de dezessete sílabas. Pidal, aliás, mediu todos os ver-

---

1. Ver M. Menéndez Pelayo, *Antología de poetas líricos castellanos*, I, pp.
72-73; Menéndez Pidal, "La forma épica en España y en Francia", in *De pri-
mitiva lírica española y antigua épica*, pp. 35-43 (ou *Revista de Filología
Española*, XX, 1933, pp. 345 e ss.); Idem, *La Chanson de Roland y el
neotradicionalismo*, 1959, pp. 23, 420-421.

2. *Op. cit.*, p. 23.

❖ MANUAL DE VERSIFICAÇÃO ROMÂNICA MEDIEVAL ❖

sos do *Cid* que não apresentam hiato ou dúvidas prosódicas, e da soma, um total de 987, concluiu que a medida oscila entre dez e vinte, tendo como núcleo o verso de catorze (treze sílabas poéticas), e com a tendência regular para aumentar – pois são mais abundantes os de quinze que os de treze, os de dezesseis que os de doze etc. Tais versos apresentam uma pausa em sua metade, mas os pormenores desta cesura são-nos desconhecidos. Os versos curtos, sem cesura, crê Pidal serem estranhos ao sistema métrico do *Cid*[3]. Entretanto, como tivemos ocasião de observar, tal flutuação métrica obedecia a uma curiosíssima fórmula, descoberta por Pidal, mas aplicável aos versos que apresentam medida segura. Se partirmos, por exemplo, do metro predominante (o de treze sílabas poéticas), as séries métricas que se lhe seguem são as seguintes:

$$14, \qquad 15, \qquad 16, \qquad 17^4$$
$$13, \qquad 12, \qquad 11, \qquad 10$$

Ureña assinala ainda, na desordem métrica do *Cid*, a luta de três paradigmas que procuram predominar, formando séries: o alexandrino, que serve de eixo principal; o verso de quinze sílabas, que o segue de perto, e – caso que ele considera curioso

3. Cf. *Cantar de mio Cid*, I. pp. 86-89.

4. A fórmula de Pidal inicia com o número catorze e termina com o número dezoito tendo-se em vista o sistema de contagem silábica do espanhol; por isso adaptamo-lo ao sistema nosso.

❖ Segismundo Spina ❖

– o decassílabo, semelhante ao da epopéia francesa, com cesura 4/6. As tendências métricas de *Roncesvalles* são idênticas[5]. Os poemas prosificados, como o *Cantar de los Infantes de Lara* e o *Cantar de don Rodrigo*, manifestam, porém, na sua arbitrariedade, predominância do verso de quinze sílabas.

Relativamente aos hemistíquios, vimos como é apreciável a sua irregularidade, oscilando entre seis e nove sílabas, sendo que no *Cid* e no *Roncesvalles* as porcentagens são semelhantes: 39% para hemistíquios de sete sílabas; 24 e 26% respectivamente para os de oito sílabas; 18 e 13% para os de seis sílabas, e 6 e 10% para os de nove. Ambos os poemas estão, portanto, escritos num metro de base heptassilábica, com tendência para o octossílabo[6].

b) Mester de Clerecía

Essa versificação irregular da épica espanhola primitiva era aquela que praticavam os jograis ambulantes, cuja arte recebeu a nome de *mester de juglaría*. Ao lado dessa arte rudimentar e popular dos jograis, um novo estilo faz a sua aparição no século XIII, intencionalmente artístico, dotado de certa

---

5. Ver *La versificación irregular*, p. 13.

6. Cf. Pidal, "*Roncesvalles*, un nuevo cantar de gesta española del siglo XIII", *Tres poetas primitivos*, p. 54. Neste caso, como Pidal se refere a "hemistíquios", conservamos as medidas de sua tabela, isto é, não fizemos adaptação ao nosso sistema de contagem silábica.

❖ MANUAL DE VERSIFICAÇÃO ROMÂNICA MEDIEVAL ❖

perfeição técnica e cuja versificação se caracteriza pela regularidade métrica. A esse novo ofício se dá o nome de *mester de clerecía*, designação que se explica pela concorrência que os clérigos letrados ou eruditos que possuíam uma educação latino-eclesiástica farão aos jograis de rua, incultos e no mais das vezes meros recitadores de poemas alheios. Tais clérigos abandonam o latim em que compunham suas obras e adotam a língua vulgar da jogralia. Ainda que muitos caracteres da jogralia popular permaneçam no novo estilo dos poetas cultos (como o idioma, certos temas e muitos acessórios da tradição épica), os dois *mesteres* apresentam diferenças notórias do ponto de vista artístico.

É com Gonzalo de Berceo (1180?–1247?) que se inaugura na poesia castelhana a nova arte, baseada numa versificação regular, em que as pausas e as medidas são intencionalmente marcadas. Um e outro vestígio da poesia amétrica ainda se observa na dos clérigos letrados, cujo *mester* só entra em declínio quando surgir *El libro de buen Amor* do Arcipreste de Hita. Em oposição, portanto, aos poetas épicos, caracterizados pela sua irregularidade métrica, o *mester de clerecía* adotou o metro alexandrino e com ele compôs estrofes em quartetos monórrimos – a que se deu o nome de *cuaderna vía* ou tetrástrofo monórrimo (designação meio consagrada mas que parece imprópria). O alexandrino, que já havia sido também o metro do *Misterio de los Reyes Magos* e da *Disputa del alma y del corpo* (século XII ou princípios do século XIII), apresenta as seguintes características:

a) divisão em dois hemistíquios;
b) cada hemistíquio tem seis sílabas poéticas (contadas até à tônica final);
c) só possui um acento métrico, que incide invariavelmente na 6ª sílaba;
d) cada hemistíquio tem seis sílabas se a última palavra for oxítona; sete, se paroxítona, e oito, se esdrúxula. Com isso teremos alexandrinos de doze, de treze e de catorze sílabas poéticas;
e) proibição da sinalefa, portanto obrigatoriedade do hiato;
f) cesura épica, em que as sílabas excedentes do primeiro hemistíquio não interferem na contagem das sílabas do segundo;
g) rima consoante.

Assim: o verso

> *Metióse al camino con su mala hortiga,*
> (*Milagros*, est. 185),

é um alexandrino de doze sílabas, composto de dois hemistíquios de seis:

❖ MANUAL DE VERSIFICAÇÃO ROMÂNICA MEDIEVAL ❖

> *Metióse al camino*
> *con su mala hortiga;*

a sinalefa por elisão nas palavras *metióse al,* bem como nas duas últimas *mala hortiga,* não se faz.

Alexandrino de doze sílabas poéticas:

> *Perdió él la* dolor, *e toda la cochura* (est. 211);

alexandrino de treze:

> *Escusarás las* penas *e los graves logares* (est. 263):

alexandrino de catorze:

> *Creaturas* angélicas *de muy grand sanctidad* (est. 174),

em cujo verso se verifica a cesura épica.

Sobre a nova arte de *clerecía* falam os próprios poetas: o autor anônimo do *Libro de Alexandre,* numa seqüência de *cuaderna vía* (que pode exemplificar o processo), revela inclusive o sentimento de emulação artística que possuíam os trovadores do novo estilo:

> *Mester trago fermoso, non es de ioglaría,*
> *mester es sen pecado, ca es de clerezía,*
> *fablar curso rimado por la quaderna vía*
> *a silabas cuntadas, ca es grant maestría* (est. 2).

Gonzalo de Berceo – dissemos – passou por ser o inventor da *cuaderna vía,* empregada na *Vida de Santo Domingo de*

Silos, possivelmente a sua primeira obra. Nela, como que consciente de uma nova arte em romance, parece fazer um manifesto de seu novo estilo:

> *Quiero fer una prosa en román paladino*
> *En qual suele el pueblo fablar a su vecino,*
> *Ca non so tan letrado por fer otro latino;*
> *Bien valdrá, commo creo, un vaso de bon vino*[7].

Nesse metro estão escritos também *El Libro de Apolonio*, o *Poema de Fernán Gonzáles* e narrativas religiosas na linha de *Los miraclos de Nuestra Señora* de Berceo: a *Vida de Santa Maria Egipcíaca* (poema de 1 451 versos, em octossílabos e heptassílabos) e *Lo Libre dels tres Reys d'Orient* (fragmento de 250 versos, no mesmo metro). É *El Libro de Apolonio* (primeira metade do século XIII), cujo tema são as aventuras novelescas do rei Apolônio de Tiro, a melhor obra escrita do *mester de clerecía*; o *Poema de Fernán Gonzáles*, de menor interesse literário, e que deve datar do terceiro quartel do século XIII (1250-1271), versa matéria eminentemente épica, poema de louvor como é dos feitos do primeiro conde de Castela e herói da independência castelhana. Compreendendo nada menos de

---

7. Em face destes dois exemplos, que constituem duas proclamações idênticas da mesma escola, há forte tendência para admitir hoje Gonzalo de Berceo como autor do *Libro de Alexandre*.

❖ MANUAL DE VERSIFICAÇÃO ROMÂNICA MEDIEVAL ❖

três mil versos, é o primeiro poema a usar do metro culto da *cuaderna vía* para um tema épico tradicional.

A *Historia Troiana Polimétrica*, que se supõe escrita na primeira metade do século XIV (ou por volta de 1270, segundo cálculos de Menéndez Pidal), é testemunho da tradição da lenda de Tróia na Península, derivação do *Roman de Troie* de Benoît de Saint-Maure. Em prosa e verso, a parte poética é original, enquanto a prosa, na quase totalidade, é mera tradução do *Roman* de Benoît. A grande novidade do poema consiste – diz Pidal – no fato de ser o primeiro a procurar uma adequação entre o verso e a estrofe ao caráter de cada tema tratado[8]. Escrito em seis tipos de estrofes diferentes, a originalidade métrica da *Historia Troiana* consiste em que, na esteira do romance francês (versificado em octossílabos com rimas pares), apenas um dos onze fragmentos conservados do poema espanhol, o último, apresenta rimas pares, mas em versos heptassilábicos, isto é, mais próximo da índole rítmica da língua espanhola[9]. Ao contrário do que sucede com os dois poemas primitivos – *Cid* e *Roncesvalles* –, cuja métrica é irregular e cuja medida principal dos hemistíquios (sete sílabas) não conta com a maioria absoluta do total (39%), a *Historia Troiana* apresenta o metro básico heptassilábico como francamente dominante; os outros

8. Cf. "*Historia Troiana Polimétrica*", em *Tres poetas primitivos*, pp. 93-95.
9. *Idem*, p. 95.

181

metros, pela ordem de predominância, são o hexassílabo, o alexandrino e o verso trissilábico[10].

O *mester de clerecía* entra em declínio com a poesia de Juan Ruiz (Arcipreste de Hita), em meados do século XIV. Se a *cuaderna vía* predomina no *Libro de buen Amor*, ao seu lado outros metros e um sem-número de combinações estróficas são utilizadas; em fins do mesmo século desaparece por completo o *mester de clerecía*.

Épica Francesa

A épica francesa, ao contrário da espanhola, desde logo superou a tradição românica da métrica irregular, e a partir de 1150 (portanto pouco depois do aparecimento da *Chanson de Roland*, da *Chanson de Guillaume*, da *Pèlerinage de Charlemagne* etc.), a rima assoante foi sendo progressivamente suplantada pela rima consoante; a eliminação total da assonância opera-se a partir da segunda metade do século XIV, ao passo que na épica espanhola – como vimos – ela permanece inalterável até ao século XV.

As gestas francesas dos séculos XII e XIII, que perfazem aproximadamente um total de oitocentos mil versos, apre-

10. Uma análise minuciosa da versificação do poema foi feita no estudo de Pidal sobre o poema, acima mencionado (pp. 103-111).

❖ MANUAL DE VERSIFICAÇÃO ROMÂNICA MEDIEVAL ❖

sentam como metro preferido o decassílabo, com cesura 4/6; em muitas outras, porém, como no *Aiol*, predomina a cesura 6/4[11]; muito excepcional na épica francesa é o emprego do verso octossílabo, que se encontra numa das gestas mais antigas, a canção de *Gormont*, bem como no poema de Albéric sobre Alexandre. Excepcional nas gestas, esse metro será largamente utilizado pelos romances bretões. A *Pèlerinage de Charlemagne à Jérusalem* está em versos alexandrinos, metro esse que, como o octossilábico, também será utilizado nas canções posteriores.

Como poesia narrativa, e portanto não estrófica como a lírica, o poema épico apresenta, todavia, uma estrutura de tendência estrófica, ainda que arbitrária. Tais estrofes, denominadas *laisses*, são de extensão irregular e caracterizadas pelo emprego seqüente da mesma assonância; o número de versos de cada *laisse* (também chamado *couplet* ou *tirade*) varia conforme o gosto do poeta (na *Chanson de Roland*, por exemplo, quinze versos é o número médio de cada *couplet*). O virtuosismo pode conduzir o poeta a *laisses* de centena ou centena e meia de versos, construídos todos sobre a mesma rima: a *chanson* de *Garin de Lorrain*, por exemplo, apresenta

11. Poema de 10 985 versos, o *Aiol* está composto nos dois metros – o alexandrino e o decassílabo –, sendo que mais de seis mil versos em alexandrinos ordinários. As explicações para essa construção estranha do poema encontram-se em Gaston Paris, *Mélanges...*, I, pp. 113, 117-118.

183

centenas de estrofes que perfazem milhares de versos assonan-
tados na vogal *i*; a de *Renaud de Montauban*, canção que con-
ta nada menos de 18 488 versos, exemplifica a mesma habili-
dade rímica, jogando com a assonância em *o* fechado. Clédat
observou que nas canções de gesta,

[...] freqüentemente duas ou três *laisses* repetem as mesmas idéias
nos mesmos termos, mudando somente as palavras que termi-
nam os versos. É o que se chama *laisses similaires*. Muitas vezes
estes *couplets* quase idênticos não passam de versões diferentes
de uma só e mesma *laisse* primitiva; o copista que as manejou,
ou o escriba, reuniu-as uma em seguida à outra, ao invés de es-
colher entre elas[12].

Clédat acredita que tais *laisses similaires* constituem um ver-
dadeiro processo literário, cuja finalidade consistiria em man-
ter a atenção dos ouvintes sobre os momentos mais impor-
tantes da narrativa e redobrar a sua emoção nas cenas mais
culminantes. Tais repetições, portanto, não devem ser inter-
pretadas – conforme pretendem alguns – como meras negli-
gências de copistas[13].

12. L. Clédat, *La Chanson de Roland*, introd., p. XI.
13. *Idem*, pp. XI-XII. No manuscrito de Oxford da *Chanson de Roland*
encontra-se a palavra *aoi* nos finais de muitos *couplets*, o que parece ser uma
espécie de refrão.

❖ MANUAL DE VERSIFICAÇÃO ROMÂNICA MEDIEVAL ❖

O *romance cortês*, que faz a sua aparição no século XII, já difere das canções de gesta na sua elaboração, nas suas fontes e nas suas intenções. Na sua elaboração, porque os metros, a rima e os *couplets* sofrem modificações; nas suas fontes, porque o renascimento clássico do século XII exerceu grande influência no temário dessa literatura narrativa, bem como são evidentes os influxos do amor cortês da lírica meridional; e nas suas intenções, porque, ao contrário das canções de gesta, que eram poemas destinados a ser cantados ou declamados perante grande público, os romances corteses eram narrativas versificadas que visavam a um público restrito, mais refinado, um público ledor – não um público ouvinte.

Consoante a matéria que versa, o *roman courtois* pode ser classificado em três ciclos; o *clássico*, cujos heróis são da Antiguidade clássica (Alexandre da Macedônia, Heitor de Tróia, Eneas, Etéocle); o *bretão*, que compreende substancialmente a matéria lendária arturiana; e os dos *romances de aventura*.

Entre os romances do ciclo clássico, o mais antigo é o composto por Albéric de Besançon (ou Briançon), conhecido como o *Roman d'Alexandre*, contemporâneo da *Chanson de Roland*; do ponto de vista formal, muitos são os pontos de contato com a canção de gesta, pois está, como a *Chanson de Gormond*, escrito em versos octossilábicos, agrupados em

185

❖ Segismundo Spina ❖

laisses monórrimas. Desse romance resta-nos apenas um fragmento; mas foi logo refundido por um poeta poitevino em versos decassilábicos; a seguir, entre fins do século XII e princípios do século XIII, outros poetas, como Lambert de Tort, Alexandre du Bernay e Pierre de Saint-Cloud, renovaram e ampliaram a versão poitevina, elegendo um novo metro, o verso alexandrino. Os poemas posteriores ao de Albéric, como o *Roman de Thèbes*, o *Roman de Enéas* (1150-1160), adotam o novo metro octossilábico, inaugurado por Albéric, mas dispondo a rima em par (*rimes plates rims caudatz*). A seguir, nas proximidades de 1160, surge o *Romand de Troie* de Benoît de Saint-Maure, com seus trinta mil versos octossilábicos.

Os romances de matéria bretã (arturiana e isoldiana), cujo primeiro e grande compositor foi Chrétien de Troyes, oferecem três fases mais ou menos nítidas na sua evolução: a dos criadores do gênero, a dos imitadores e a dos epígonos. Isto é, Chrétien de Troyes, que pode ser considerado o verdadeiro criador do romance arturiano, representando a primeira fase com suas obras *Erec*, *Cligès*, *Lancelot* ou *Le Chevalier à la Charrette*, *Ivain* ou *Le Chevalier au Lion*, *Perceval* ou o *Conte du Graal* (século XII); Robert de Boron e os continuadores do *Conte du Graal*, representantes da segunda fase (século XIII); finalmente no século XIV, em que o gênero em verso já se torna uma forma superada, ainda vemos Froissart compor o seu *Mélidor* em trinta mil versos octossilábicos; mas já no primeiro quartel do século XIII o gênero romanesco sofre violenta evolução na forma, substituindo o verso pela prosa (Villehardouin compõe, entre 1207 e 1213, a sua *Conquête de Constantinople*). É a última fase do *roman breton*[14]; é a derradeira época do romance versificado.

14. Ver Jean Frappier, *Le roman breton*, pp. 9-11.

POESIA ÉPICO-LÍRICA

O ROMANCEIRO ESPANHOL

Se a métrica dos primitivos cantares de gesta é irregular e às vezes caótica, a versificação do romanceiro já se apresenta segura e com contagem fixa das sílabas. Todavia, os romances mais antigos (denominados *romances viejos*, que datam de fins do século XIV e meados do século XVI), aqueles que teriam recentemente se desligado das gestas (do ciclo de Bernardo del Carpio, de Fernán Gonzáles, do *Cid*, dos *Infantes de Lara*) ainda estão construídos em rimas assoantes (masculinas ou femininas) como nos cantares épicos primitivos. Os "romancistas" da segunda metade do século XVI e século XVII (dos chamados *romances nuevos*, eruditos, artísticos) substituem a assonância primitiva pela rima consoante. Diz Pelayo que esses compositores de romances desdenhavam a

❖ Segismundo Spina ❖

assonância por considerá-la "consonante mal dolado" (mal limado), e preferiam as rimas perfeitas que Alonso de Fuentes chamava "consonantes de capa y sayo"[1]. A assonância e a medida heptassilábica explicam-se pela gênese do metro dos romances. Derivados das gestas, que eram formadas de largas séries monórrimas de versos irregulares (porém com tendência para o verso de quinze ou dezesseis sílabas dividido em dois hemistíquios de oito sílabas ou sete sílabas poéticas), os romances dividiram em dois versos curtos o longo verso das gestas, isto é: os trovadores passaram a escrever separados os heptassílabos da gesta original; sucedeu daí que só os hemistíquios pares (2º, 4º, 6º etc.) rimam entre si, ficando sem rima os hemistíquios ímpares[2]. Assim: suponhamos os versos iniciais do romance *Agravio y quejas de Florinda*, do ciclo do rei Rodrigo:

> *Bañado en sudor y llanto*
> *el esparcido* cabello,
> *el blanco rostro encendido*
> *de dolor, vergüenza y* miedo,

1. Cf. *Antologia de los poetas líricos castellanos*, VI, p. 78.

2. Por essa razão diz Manuel García Blanco: "El verso octosilábico [para nós o heptassilábico] es, por tanto, un elemento irreductible del romance, pero no su unidad orgánica, la cual está constituída por los dos hemistiquios" ("El romancero", em *História general de las literaturas hispánicas*, II, p. 9).

> *deteniendo, con sus brazos*
> *los de un loco rey* mancebo,
> *una debil mujer sola,*
> *ausente del padre y* deudos,
> etc.[3],

cuja disposição monórrima primitiva seria:

> *Bañado en sudor y llanto el esparcido* cabello,
> *el blanco rostro encendido de dolor, vergüenza y* miedo,
> *deteniendo con sus brazos los de un loco rey* mancebo
> etc.

Os hemistíquios ímpares (1º, 3º, 5º etc.) não rimam porque correspondem aos primeiros hemistíquios de cada verso longo[4].

Normalmente é uma só a assonância em toda a composição; vezes há em que duas ou três assonâncias diferentes podem ocorrer no mesmo poema, o que se explica por tais assonâncias corresponderem a outras tantas partes do cantar primitivo refundidas no romance.

---

3. De *Flor nueva de romances viejos*, M. Pidal, p. 56.

4. Diz categoricamente Pelayo: "Si no se admite el origen épico del octosílabo [o nosso heptassílabo], su aparición resulta inexplicable. Fuera de los cantares de gesta no se encuentran semejantes versos" (*Antología...*, VI, p. 84).

❖ Segismundo Spina ❖

Entretanto, quando dizemos que o romance nos oferece uma versificação regular de base heptassilábica – ao contrário do que sucede nos cantares de gesta cuja métrica é irregular –, isso não significa que sempre fosse assim. Pidal assinala romances velhos de Carvajales (do *Cancioneiro de Stúñiga*), de Rodriguez del Padrón (com seu romance *Rosaflorida*) e outros, em que os versos não heptassilábicos, isto é, octossilábicos e hexassilábicos, somam apreciável porcentagem. A tendência para o heptassilabismo, perceptível nas gestas do século XIV – diz o mesmo Pidal – extrema-se nos romances[5]. Tal regularidade silábica no romanceiro, ao lado do anisossilabismo das gestas, explica-se pelo elemento lírico que deu ênfase a essa forma poética: enquanto os cantares eram recitados melodiosamente, os romances eram cantados, e o ritmo musical foi responsável então pela regularidade silábica, influência essa que chegou a eliminar quase totalmente as vacilações métricas dos cantares primitivos[6]. Para o fato de os romances serem escritos em linhas curtas, argumenta Pidal que não foi o caráter lírico dessas composições que

---

5. Cf. *Romancero hispánico*, I, pp. 87-88.

6. "Los romances son poemas épico-líricos breves que se cantan al son de un instrumento, sea en danzas corales, sea en reuniones tenidas para recreo simplemente o para el trabajo en común" (R. M. Pidal, *Flor nueva de romances viejos*, p. 7).

assim determinou, mas simplesmente porque tal disposição tornava a sua leitura mais agradável. O cantar de *Rodrigo*, que nada tem de lírico, aparece copiado em versos curtos; e se tivéssemos texto de algum romance copiado no século XIV, estaria por certo escrito em versos largos[7]. O mesmo fenômeno se verificou nas baladas inglesas, que, como na época escandinava, também aparecem em linhas curtas. Mas as *viser* (baladas suecas e dinamarquesas), bem como as baladas anglo-escocesas, as canções épico-líricas francesas, provençais ou piemontesas, se por um lado também empregam muitas vezes a tirada monórrima à maneira das gestas, por outro se utilizam mais freqüentemente da versificação estrófica, dispondo-se em dísticos, em tercetos, quartetos ou outros tipos de estrofe. Tal estrofação não existiu nos romances velhos e populares da Península, ainda que a música que se lhes juntou mais tarde os agrupasse em quadras.

Como remate reproduzimos aqui um quadro estatístico muito informativo das características formais do romanceiro hispânico em relação às composições da mesma espécie em outros países da Europa[8]:

7. *Idem*, p. 98.
8. *Apud* R. M. Pidal, *Romancero hispánico*, I, p. 125.

❖ SEGISMUNDO SPINA ❖

	Assonância nas canções		Número de sílabas no verso[9]				
	Monór-rimas	Estró-ficas	8+8	6+6	7+7	9	vários
Castela (sefardis)[10]	93%	7%	88%	8%	1%	0%	3%
França do norte	53%	44%	8%	3%	31%	20%	38%
Provença	28%	72%	12%	2%	20%	14%	52%
Piemonte	19%	81%	22%	0,2%	27%	0,7%	50%

9. Os números de sílabas, aqui no quadro, convertidos para o nosso sistema (que as conta até à última tônica), deverão entender-se como se tivessem uma sílaba a menos. Assim: 8+8 = 7+7.

10. Refere-se também às canções sefardis, isto é, dos judeus oriundos da Espanha.

POESIA ALEGÓRICA

Ou partamos da acepção medieval de alegoria ("dizer uma coisa significando outra", o *aliud enim sonat, et aliud intelligitur* de Santo Isidoro de Sevilha), ou da acepção clássica de mera personificação de abstrações; ou consideremos que o processo alegórico pode manifestar-se apenas numa parte da obra ou na obra toda, na Baixa Idade Média a literatura alegórica mais importante está representada pela *Divina Comédia* de Dante, pelo poema anônimo *Intelligenza* (de Dino Compagni?), pelos *Triunfos* de Petrarca, na Itália; pelo *Roman de Renart* e *Roman de la Rose*, na França; por *El libro de buen Amor* de Juan Ruiz, *Las Trecientas* de Juan de Mena, na Espanha. Afora estas expressões mais significativas da poesia alegórica dessa época, uma infinidade de pequenos poemas vegetou ao longo desses quatro séculos (desde os *Documenti d'Amore* de Francesco da Barberino até às derivações de Dante

❖ Segismundo Spina ❖

e de Petrarca nos poemas alegóricos do Marquês de Santillana, de Juan de Mena e dos poetas do *Cancioneiro Geral* de Garcia de Resende – como Duarte de Brito e Diogo Brandão).

Como já vimos, quando no capítulo relativo à lírica italiana falamos da *terzina*, foi nesta forma estrófica que Dante compôs o seu poema máximo e Petrarca os seus poemetos de intenção épica *Trionfi*. A *terzina* consiste numa série de tercetos decassilábicos, em que o primeiro e o terceiro versos rimam entre si, o segundo fornece a rima para o terceto seguinte, até que o canto ou o poema termina com um verso que rima com o segundo do último terceto. Assim o final do canto I do *Inferno*:

> *E io a lui: "Poeta, io ti richeggio*
> *per quello Dio che tu non conoscesti,*
> *acciò ch'io fugga questo male e peggio,*
> *che tu mi meni là dove or dicesti,*
> *si ch'io veggia la porta di San Pietro*
> *e color cui tu fai cotanto mesti".*
> *Allor si mosse, e io li tenni retro.*

No mesmo metro ainda está o poemeto de Boccaccio, *Amorosa Visione,* e a parte poética do seu *Ninfale d'Ameto.* Ao passo que o poema anônimo do século XIII, a *Intelligenza,* encontra-se escrito numa estrofe extremamente rara, a *nona-rima,* cujo esquema era *abababccb,* estrofação que caiu em

❖ MANUAL DE VERSIFICAÇÃO ROMÂNICA MEDIEVAL ❖

completo desuso, salvo uma ou outra tentativa individual. Veja-se esta estrofe do poemeto anônimo:

> *Al novel tempo e gaio del pascore,*
> *che fa le verdi foglie e' fior venire;*
> *quando li augelli fan versi d'amore,*
> *e l'aria fresca comincia a schiarire;*
> *le pratora son piene di verdore,*
> *e li vergier cominciano ad aulire;*
> *quando son dilettose le fiumane,*
> *e son chiare surgenti le fontane,*
> *e la gente comincia a risbaldire;*
>   (*L'Intelligenza*, vv. 1-9, ed. G. Lazzeri, p. 113).

O *Roman de Renard* (séculos XII e XIII) aparece escrito em versos octossilábicos e rimas consoantes emparelhadas:

> *Seignors, ce fu en cel termine,*
> *que li doux tens d'esté decline*
> *et ivers revient en saison,*
> *que Renarz fu en sa maison.*
> *mais sa garison a perdue*
> *ce fu mortels desconvenue;*
>   etc.
>   (Bartsch, *Chrest.*, p. 146, vv. 1-6).

O *Roman de la Rose*, poema inacabado e de co-autoria (primeira parte por Guillaume de Lorris, 1225-1240, segunda parte

❖ Segismundo Spina ❖

por Jean de Meung, 1275-1280) também está no mesmo metro: a primeira parte compreende 4 058 octossílabos com rimas pares e consoantes; a segunda, 17 722 versos da mesma medida.

Na literatura espanhola, *El libro de buen Amor*, de Juan de Ruiz (século XV), apresenta todavia uma versificação extremamente controvertida. Ainda recentemente Joan Corominas, na sua monumental edição crítica do poema, passa largamente em revista os estudos de Cejador y Frauca, de Hanssen e de Ureña, de Pidal e de Lecoy, de Rosa Lida e de Aguado, toda uma legião de estudiosos da verificação de Juan Ruiz[1]. Escrito o poema em vários metros e em tipos diversos de estrofação (num total de 1 728 estrofes), um cálculo pode ser admitido à primeira vista: uma predominância da métrica do *mester de clerecía*, isto é, da *cuaderna vía* alexandrina, com boa soma todavia de *cuaderna vía* octossilábica, além de outros metros líricos. Em porcentagem poder-se-ia estabelecer que a *cuaderna vía* nestes outros metros líricos não chega à décima parte da obra (10%); a *cuaderna vía* octossilábica (para nós heptassilábica) aproxima-se de um quinto (20%), e a alexandrina pouco ultrapassa de 70%. Tais proporções variam, todavia, segundo as diferentes partes do livro. Ainda que alguns tratadistas insistam na adequação entre os metros e o conteúdo, Corominas assinala critérios de vária índole na

---

1. Cf. *Libro de buen Amor*, pp. 39-63.

❖ MANUAL DE VERSIFICAÇÃO ROMÂNICA MEDIEVAL ❖

utilização das variações métricas; o que é visível é o desejo do Poeta de romper com a monotonia do metro da *cuaderna vía* lançando inesperadamente mão de metros diferentes.

Só muito excepcionalmente (três ou quatro quartetos em toda a obra) Juan Ruiz usou de versos híbridos formados de hemistíquios senário-setenários; assim neste quarteto:

> *Allá en Talavera, en las calendas de abril*   (6+7)
> *llegadas son las cartas de arçobispo don Gil*   (6+7)
> *en las quales venía el mandado non vil*   (6+6)
> *tal que, si plogo a uno, pesó más que a dos mil*   (6+7)
>   (690, ed. J. Corominas);

a norma consistiu no uso da *cuaderna vía* para a parte normativa, se bem que seja freqüente o emprego de versos de quinze sílabas poéticas ao invés do alexandrino de treze. A parte lírica da obra, de fundo jogralesco e destinada ao canto, está escrita em versos de arte menor, com predomínio do redondilho menor (cinco sílabas) e do maior (heptassilábico). O alexandrino apresenta ora uma base hexassilábica, nos hemistíquios, ora heptassilábica. Assim:

> *Palabra es de sabio, / e dízelo Catón*   (hexass.)
> *que omne a sus cuidados, / que tiene en coraçón,*
> *entreponga plazeres / e alegre razón,*

con la mucha tristeza / mucho pecado pon.
(Copla 44, ed. J. Corominas);

Assí fue que los romanos / ningunas leyes avien, (heptass.)
e fuénrolas demandar / a griegos que las teníen;
respondiéronles los griegos / aquéllas non merecien
ni las podrien entender, / pues que tan poco sabien;
(Copla 47, *idem*);

Vestígios da estrofação zejelesca observam-se na seqüência das coplas 115-120:

Mis ojos non verán luz
pues perdido he a Cruz.

Cruz? cruzada! panadera
tomé por entendedera:
tomé senda por carrera
como haz el andaluz.
etc.

Com o Arcipreste de Hita entra, pois, em declínio a métrica do *mester de clerecía*. Em *El Laberinto de Fortuna* (ou *Las Trecientas*) de Juan de Mena (século XV), a regularidade métrica é constante: o poeta do pré-Renascimento utiliza o verso de arte maior, divisível em dois hemistíquios heterométricos (via de regra com dois acentos e excepcionalmente um apenas em

❖ MANUAL DE VERSIFICAÇÃO ROMÂNICA MEDIEVAL ❖

cada membro). Como a base desse metro é datílica (ou anapéstica), segue-se que podemos assinalar – segundo Foulché-Delbosc – oito combinações possíveis (com dois acentos):

1ª ∪ _́ ∪∪ _́ ∪ : *e vi despojados* (155.3)
2ª ∪ _́ ∪∪ _́ : *o flor de saber* (124.1)
3ª ∪ _́ ∪∪ _́ ∪∪ : *de nuestro retórico* (119.8)
4ª _́ ∪∪ _́ ∪ : *dádiva santa* (227.2)
5ª _́ ∪∪ _́ : *ovo lugar* (18.8)
6ª _́ ∪∪ _́ ∪∪ : *no governándome* (30.8)
7ª ∪∪ _́ ∪∪ _́ ∪ : *Aristótiles cerca* (118.3)
8ª ∪∪ _́ ∪∪ _́ : *En aquellos que son* (19.3)

Quando o hemistíquio apresenta um só acento, duas combinações são possíveis:

1ª (paroxítona): ∪∪∪∪ — ∪ : *en virtud diversa* (66.2)
2ª (oxítona): ∪∪∪∪ — : *menos en la lid* (4.3)[2].

Segundo o número e a posição dos acentos nos hemistíquios, Foulché-Delbosc chegou a estabelecer nada menos de quarenta tipos de versos de arte maior. O ritmo mais freqüente é, para o grande hispanista francês, aquele que resulta de um verso constituído por quatro pés anfibráquicos. Por exemplo:

2. *Apud* M. Blecua, *Juan de Mena*, p. LXXXV.

Suplico me digas de donde veniste (22.6)

isto é:

U — U/U — U/U — U/U — U/.

Numa boa proporção também figura o verso formado de uma tônica inicial seguida de três pés anfibráquicos, isto é:

— /U — U/U — U/U — U/:

fiz de mi duda conplida palabra (57.6)[3].

---

3. Para 1 104 versos do primeiro tipo, há 566 para o segundo. As outras formas oscilam entre um exemplo e 58, sendo que 116 versos há que em nossa opinião pertencem ao primeiro tipo, dele diferindo apenas em que não possuem a sílaba metatônica final, isto é, são oxítonas. Assim este verso: *sus pocos plazeres según su dolor.*

POESIA SATÍRICA

A poesia satírica pode apresentar-se de forma velada, sob as vestes da alegoria – como é o caso de muitos momentos da obra de Juan Ruiz em seu *Libro de buen Amor*, da de Dante na *Divina Comédia* ou do *Roman de Renart*. Preferimos, entretanto, incluir na epígrafe de poesia satírica apenas aquelas obras em que a sátira é evidente, direta, manifesta, livre dos recursos da expressão simbólica. E nessa linha temos, então, o *sirventês* na poesia provençal; as *cantigas de escárnio e maldizer* na poesia galego-portuguesa; e os *fabliaux* na poesia francesa.

Se os cantares d'amor galego-portugueses nos mergulham numa atmosfera ideal porque literatura palaciana, convencional e puramente intelectualizada, os cantares de escárnio e maldizer nos atiram violentamente na vida real do tempo: é o que sucede com o *sirventês* provençal, que fazia *pendant* com a poesia cortês representada na canção. De alto interesse

♦ SEGISMUNDO SPINA ♦

histórico como documento da vida moral, política e religiosa da época, o sirventês é, segundo Raimon Vidal (século XIII), nada mais nada menos que uma sátira pessoal. Não só isso, porém: pode-se nele fazer o elogio de um grande senhor, ou falar dos feitos de armas de alguém. Via de regra o sirventês corresponde ao conjunto de poemas satíricos em que os jograis não perdoam ao senhor a sua avareza, a sua pusilanimidade ou a sua crueldade. Como poesia de circunstância, o sirventês viveu desde o princípio à custa das formas poéticas existentes, servindo-se muitas vezes de melodias ou formas de canções muito conhecidas, cujas estruturas estrófica e rítmica eram freqüentemente decalcadas. Na sua forma original, que deve ter sido a mesma dos *strambotti* da Itália meridional (como vimos), o sirventês deveria ter-se utilizado de estruturas rudimentares – do tipo *ab aab*, por exemplo – ou do *couplet* octossilábico com rimas cruzadas[1]. O sirventês, entretanto, não tem forma própria; não possui metro, nem estrofação, tampouco forma melódica: a essência do sirventês reside no seu conteúdo, no seu efeito, pois quanto à forma, ainda que uma ou outra vez possa conter uma melodia própria, na sua quase totalidade "serve-se" de melodias e de esquemas métricos preexistentes. Desta sorte o sirventês terá tantos versos e tantas estrofes, bem como seus versos tantas

---

1. Cf. A. Jeanroy, *La poésie lyrique des troubadours*, II, p. 181.

❖ MANUAL DE VERSIFICAÇÃO ROMÂNICA MEDIEVAL ❖

sílabas, quantos e quantas tiver a canção original por ele decalcada.

Os *cantares de escárnio e maldizer* galego-portugueses, que também se utilizam dos tipos versificatórios e dos metros da poesia lírica, estão exigindo um estudo do ponto de vista poemático. Podendo classificar-se, como as cantigas d'amor, em *cantares de maestria* e *cantares de refrão* (segundo preceitua a poética fragmentária do CCB), a mole satírica dos cancioneiros aguarda uma acurada análise na sua versificação, especialmente agora que o Prof. Rodrigues Lapa acaba de publicar a sua magistral edição crítica dos cantares satíricos[2]. De um exame de duas centenas das 428 composições de que consta a referida edição, pudemos constatar que os cantares satíricos dos trovadores galego-portugueses revelam predominâncias bem características nos seus metros, no número de estrofes, nos esquemas estróficos e nas fórmulas rimáticas. Em porcentagens aproximadas, podemos dizer que o verso decassílabo faz concorrência esmagadora ao metro popular do redondilho maior numa proporção de 55% para 17%; o octossílabo oferece uma incidência relativamente menor, de 8%. O número de três estrofes compete com o de quatro, numa proporção de 52% para 23% respectivamente; a estrofe de sete versos soma 45%, em franca concorrência com outros

2. *Cantigas d'escarnho e de mal dizer*, Coimbra, Editorial Galáxia, 1965.

❖ Segismundo Spina ❖

tipos estróficos (15% para a de seis versos, 10% para a de quatro, 9% para a de cinco etc.). Para as estrofes compostas de sete versos, a fórmula rímica predominante (32%) sobre quase 40 esquemas diferentes é *abbacca*, com 5% para a fórmula *ababccb*. É curioso observar a tendência para o heptástico, mais tarde a forma preferida do vilancete peninsular. Outros esquemas rímicos revelam incidências como *aaabab* (11%), *ababcca, aabab, abbacc*, incluindo-se o refrão. Os esquemas estróficos zejelescos também comparecem, como nas cantigas 140, 144 (edição R. Lapa, respetivamente CBN 1553 e 1557), de Fernan Soárez de Quinhones:

> *Ai, amor, amore de Pero Cantone,*
> *que amor tan saboroso e sen tapone!*

> *Que amor tan viçoso e tan são,*
> *queno podesse teer atá o verão!*
> *Mais valria que amor de chorrichão*
> *nen de Martin Gonçálvez Zorzelhone.*

> *Ai, amor, amore de Pero Cantone,*
> *que amor tan saboroso e sen tapone!*

(E seguem-se mais quatro estrofes.)

Na literatura francesa a poesia mais humorística e maliciosa do que propriamente satírica dos *fabliaux* (pequenos poe-

❖ MANUAL DE VERSIFICAÇÃO ROMÂNICA MEDIEVAL ❖

mas que oscilam entre cinqüenta e 1 500 versos aproximada-
mente) apresenta-se um pouco negligente na sua versificação,
para não dizer às vezes bárbara (como no *Meunier d'Arleux*).
Em metro octossilábico, os *fabliaux* fizeram a sua aparição
em fins do século XII, tiveram um grande florescimento no
século XIII e entraram em declínio depois no segundo quar-
tel do século seguinte.

Não raro a poesia satírica se reveste do recurso da alego-
ria, razão por que recomendamos a leitura do capítulo ante-
rior. Se por sátira se entende uma literatura de combate, de
intenções reformadoras, ou de pura maledicência, então a
Divina Comédia, o *Roman de Renart* e o *Libro de buen Amor*
são obras também pertencentes a este gênero poético.

POESIA COMPETITIVA

Por poesia competitiva entende-se toda a poesia que tem por tema um debate, um desafio, uma pergunta e resposta, uma altercação, uma controvérsia, à volta de um problema proposto, de casuística amorosa no mais das vezes, ou do mero desejo de ridicularizar o adversário. Originária ou não do *conflictus* ou da *altercatio* latina, que floresceu na época carolíngia, a poesia de luta ou agonal – como chama Huizinga em *Homo Ludens* – apresenta formas várias na literatura provençal; a *tenson*, o *partimen* ou *joc parti* e a *cobla*, que na literatura francesa do Norte só floresceram no século XIII e muito raramente; o *contrasto* na literatura italiana; as *tenções* na poesia galego-portuguesa, e as *preguntas* e *repuestas*, os debates fictícios, alegóricos e narrativos, bem como os chamados "processos amorosos", na poesia hispano-portuguesa do século XV.

❖ Segismundo Spina ❖

Normalmente um sirventês satírico provocava da parte atingida uma resposta: surgia assim o duelo. A obstinação dos contendores em não renunciar à polêmica determinava a extensão do poema; as respostas ou réplicas se faziam sempre decalcando o metro e a forma estrófica do ataque; nas *tornadas*, via de regra comparecia um juiz para dirimir a controvérsia. A forma reduzida do sirventês competitivo, isto é, aquela em que os dois elementos (pergunta e resposta) eram formados por uma ou duas estrofes, com tornada ou sem ela, recebia a denominação de *coblas*, e diferia do sirventês em que o autor da pergunta já previa e voluntariamente provocava a resposta. Quando a polêmica se dispunha em estrofes alternadas, em que as ímpares correspondiam a um trovador e as pares a outro e ambos se obrigavam a manter a mesma estrutura versificatória até ao fim, o debate podia receber a designação de *tensó* (tenção) ou de *joc parti*. Ambas diferem em que na *tensó* o debate se desenvolve livremente do ponto de vista temático, e no *joc parti* ou *partimen* o primeiro contendor coloca para o adversário uma alternativa, isto é, um problema que admite duas soluções, ficando o adversário com o direito de escolher uma delas e a promessa do desafiante em manter a tese contrária. Às vezes o número de contendores pode aumentar – como é o caso do conhecidíssimo *partimen* travado entre Savaric de Mauleon, Gaucelm Faidit e Uc de la Bacalaria, em que os três trovadores deba-

✤ MANUAL DE VERSIFICAÇÃO ROMÂNICA MEDIEVAL ✤

tem sobre um problema amoroso que assim se coloca: a qual dos três cavaleiros cortejadores uma dama demonstrou maior amor: àquele a quem a dama olhou amorosamente, ao segundo cuja mão apertou com muita ternura, ou ao terceiro que recebeu dela uma ligeira pisadela?

A estrutura versificatória é variadíssima; o que se impõe como regra é a fidelidade do contendor em manter a forma estrófica e muitas vezes as próprias rimas utilizadas pelo desafiante. A alternativa das perguntas (ou ataques) e das respostas (ou réplicas) podia assumir duas modalidades: a) a uma composição inteira que compreendia o ataque se seguia outra que correspondia à resposta; b) a composição era formada de estrofes alternadas, uma de ataque e outra de revide. Na literatura siciliana do reinado de Frederico II (primeira metade do século XIII), foram muito comuns debates entre os poetas dessa corte sob a forma de soneto – tal como a tenção em três sonetos entre Jacopo Mostacci e Giacomo da Lentino acerca da natureza do amor; a tenção em cinco sonetos entre o L'Abate de Tiboli e Giacomo da Lentino também sobre problema amoroso[1].

Na poesia luso-castelhana do século XV estes debates poéticos foram muito cultivados, e nos moldes da poesia competitiva tradicional; mas casos há em que o próprio autor de

1. Ver De Sanctis, *apud* G. Lazzeri, pp. 66 e 74-76.

✦ Segismundo Spina ✦

uma *pregunta* ou desafio compõe a resposta, autoria que ele mesmo tem o cuidado de informar. Do ponto de vista técnico – diz-nos Gentil – há uma certa ortodoxia nas regras. Numerosas composições são relativamente curtas e via de regra em oitavas de *arte maior*, terminando por uma *tornada* ou *fiinda*[2]. Grande número de composições dessa espécie pode comportar apenas uma ou duas estâncias – como sucede com as *coblas* provençais.

O mais importante debate da poesia desse tempo é o longo e curiosíssimo "processo amoroso" que abre o *Cancioneiro Geral* de Garcia de Resende, intitulado *O Cuidar e o Suspirar*, de caráter alegórico e judicial, e travado entre Nuno Pereira e Jorge da Silveira. Como ambos defendem duas teses contrárias e acabam apelando para a intervenção de um árbitro (Lianor da Silva), seria de supor que se tratasse de um *partimen*; porém o processo se desenvolve sob a forma de *tenção*, pois ambos os contendores são convictos de suas teses, e estas não foram apresentadas de início sob a forma de dilema em que o contendor pudesse escolher a sua. A tese consistia em saber se o verdadeiro amor estava em *cuidar* (imaginar, meditar a *coita* amorosa) ou em *suspirar* (pela mulher amada). As primeiras réplicas da composição são apresentadas em estâncias alternadas, não simétricas na rima

2. Ver *La poésie lyrique espagnole et portugaise*, I, p. 459 e I, pp. 490-496.

❖ MANUAL DE VERSIFICAÇÃO ROMÂNICA MEDIEVAL ❖

porém; o árbitro toma conhecimento da pendência e pede às partes a constituição de juízes, com cuja intervenção o debate se desenvolve; abandonam o processo inicial das estrofes alternadas – agora impraticável com o aumento dos participantes: cada qual argumenta numa série mais ou menos longa de estrofes formando um todo, opondo-se tematicamente cada série, mas sem observância da simetria rímica. A composição aproxima-se então das *preguntas*. Outra novidade ainda consiste na intercalação de *poemas de forma fixa* em meio das altercações. A particularidade mais notável do ponto de vista versificatório, original em todos os sentidos, reside porém na técnica miscelânica da composição, em que o torneio se utiliza de todas as modalidades possíveis dos gêneros dialogados.

ANEXO

García-Gómez, Emilio

Todo Ben Quzmán. Editado, interpretado, medido y explicado. T. 1: *Edición, traducción rítmica y notas de los zéjeles n. 1 a 100*; t. 2: *idem*, de los zéjeles n. 101 a 193, Apêndices; t. 3: *Métrica de Ben Quzmán y métrica española, los romancismos de Ben Quzmán.* Madrid, Editorial Gredos [1972], XVII+523, 524-975, 536p.

Está de parabéns a Filologia espanhola. Emilio García-Gómez, sem dúvida o maior arabista de nossos tempos, acaba de surpreender os meios universitários e cultos do mundo inteiro com a sua obra monumental, *Todo Ben Quzmán*, em três volumes, editada pela Gredos. Obra monumental porque os conhecedores do assunto prognosticavam a necessidade de uma equipe de orientalistas e romanistas para levar

❖ Segismundo Spina ❖

a cabo a edição definitiva do maior poeta andaluz da Idade Média. Emilio García-Gómez é o terceiro ápice de um triângulo de orientalistas espanhóis que culminaram este século com trabalhos de alto valor científico no campo da investigação filológica: os dois primeiros, de notável memória, D. Julián Ribera Tarragó e D. Miguel Asín Palacios – e aos quais é dedicada esta obra – foram seus mestres.

As duas datas de 1912 e 1919 marcam pontos culminantes da erudição orientalista na Espanha (que tem como campo as relações entre o Islão e a cristandade ocidental): em 1912, na Real Academía Española, pronunciou Julián Ribera o seu extraordinário discurso de ingresso intitulado "El Cancionero de Aben Guzmán" (reimpresso em 1928, em suas *Disertaciones y Opúsculos*, Madrid, Maestre, pp. 3-92); sete anos depois Miguel Asín Palacios pronunciou o seu, no ato de sua recepção pública na mesma Academia, acerca da "Escatología musulmana de la *Divina Comedia*". Mestres e discípulos, os três vêm irmanados desde 1919, pois a oração de resposta ao discurso de Asín Palacios foi proferida por Julián Ribera; e em 1927, diante da inexeqüibilidade de ser republicado o magistral discurso sobre a obra de Dante, Emilio García-Gómez fez dele um resumo e o prefaciou, sob o título de *Dame y el Islam*, que saiu publicado pela Editorial Voluntad de Madrid.

Da monumentalidade da obra de Asín Palacios diga a onda de polêmicas suscitada em toda a Europa culta, cuja história e crítica vem apensa à 2ª edição da *Escatología musulmana en la "Divina Comedia"*, Madrid-Granada, CSIC, 1943, pp. 469-609; da importância da comunicação de Julián Ribera sobre o cancioneiro cuzmani digam as várias dezenas de romanistas e orientalistas que se debruçaram sobre a gênese da poesia medieval européia.

Depois da revelação de Julián Ribera, a única tentativa de publicação dos poemas de Ben Quzmán foi a do filólogo norte-americano A.R. Nickl, que em 1933 publicou *El Cancionero de Aben Guzmán*, edição integral do códice, em caracteres latinos, com um prólogo e tradução parcial dos 149 poemas, tradução fragmentária de outros e um resumo dos demais. Depois desta, é de registrar a edição crítica parcial do mesmo cancioneiro, feita pelo romanista finlandês O. J. Tuulio, publicada em Helsinki em 1941, trabalho de valor controvertido, considerado "irresponsável" e "delirante" pelo próprio García-Gómez. Entre esta publicação e a recente de Emilio García-Gómez (1972), os meios científicos ficaram na expectativa de uma edição definitiva que vinha sendo prometida há muito tempo pelo lingüista francês G. S. Colin, o mesmo que, na revista *Hésperis* (XVI, 1933, pp. 165-169), fez da edição de Nikl uma recensão impiedosa. Esta edição, que contava com a colaboração do grande orientalista E. Lévy-Provençal, vem sendo aliás prometida há mais de trinta anos...

❖ SEGISMUNDO SPINA ❖

O nosso objetivo não é resenhar criticamente a obra recente de García-Gómez, realmente definitiva, fruto de largos anos de investigação apaixonada, senão tão-somente apresentá-la aos estudiosos brasileiros, tentando antes recordar algumas conquistas anteriores do seu Autor no campo da filologia islâmico-românica.

Madrilenho de 1905, Emilio García-Gómez entrou para a carreira de orientalista ainda jovem, ligando-se ao seu mestre Miguel Asín Palacios, com dezenove anos apenas, na Cátedra da Universidade Central, tendo colaborado com ele na famosa revista de estudos islâmicos e românicos *Al-Andalus*; antes de sucedê-lo nessa Cátedra, García-Gómez fora catedrático na Universidade de Granada, de cuja Escola de Estudos Árabes foi o primeiro diretor. Desde cedo, portanto, manifestou acentuada vocação para os estudos da cultura árabe, tendo publicado, na *Revista de Archivos*, em 1926, um importante ensaio de literatura comparada a propósito de uma curiosa fonte árabe de *El criticón* de Baltasar Gracián, intitulado "Un cuento árabe, fuente común de Aben-tofail y Gracián". Prosseguindo na crítica genética, realizou estudos sobre as lendas francesas medievais e suas fontes árabes, publicando em 1929 *Un texto árabe occidental de la leyenda de Alejandro*, trabalho premiado pela Real Academía Española. Um ano depois surge a sua obra tão louvada pela crítica, *Poemas arabigoandaluces* (saída em 2ª edição na Col. Austral, n.

162, em 1942), onde o Autor apresenta um importante esbo-
ço da história externa da lírica arábigo-andaluz, com a tra-
dução de 112 espécimes poéticos de quase uma centena de
poetas árabes do Ocidente, do Centro e do Oriente de Al-
Andalus, na sua maioria inéditos, procedentes da Antologia
de Ben Said, intitulada *Kitab rayat al-mubarrizin wa-gayat
al-mumayyazin*. Três anos depois sai, na mesma coleção, ou-
tra antologia de *Cinco poetas musulmanos* (*Mutanabbi*, o
maior poeta dos árabes; *al-Sarif al Taliq*, "o príncipe anistia-
do"; *Abn Ishaq de Elvira, Aben Guzmán* e *Ibn Zamrak*, o poe-
ta da Alhambra).

Os pontos mais altos, entretanto, desta brilhante carreira
de García-Gómez foram assinalados pelos trabalhos da ma-
turidade, em que, superando as suas investigações no campo
das fontes, inicia a fase que chamaríamos *antológica*, publi-
cando a produção dos vates andaluzes, inéditos ou parcial-
mente conhecidos, com estudos biográficos, interpretações
críticas e indagações métricas; para depois culminar com os
dois trabalhos magistrais: *El collar de la paloma* (Madrid,
Sociedad de Estudios y Publicaciones, 1952) e o recente can-
cioneiro *Todo Ben Quzmán*. No primeiro, García-Gómez nos
dá a tradução do célebre *Tratado sobre o Amor e os Amantes*,
do filósofo Ibn Hazm de Córdoba, obra que foi prologada por
Ortega y Gasset; no segundo, o Autor reúne toda a matéria
cuzmaniana que foi motivo de largas disquisições ao longo de

❖ Segismundo Spina ❖

sua carreira de filósofo, que nestes últimos doze anos andou repartida com as suas atividades de embaixador no Oriente.

A tradução do tratado amatório de Ibn Hazm tem a sua história: em 1931, quando García-Gómez regia a Cátedra em Granada, Nikl publica a primeira versão, para o inglês, de *O Colar da Pomba*. Baseada nela, García-Gómez empreende a tradução espanhola, submetida depois pessoalmente à apreciação de Nikl, que em 1933 estanciava na Espanha publicando o seu *Cancioneiro de Ibn Cuzman*. Com as indicações e os conselhos preciosos do filósofo norte-americano, García-Gómez inicia a publicação de três capítulos da obra de Ibn Hazm na *Revista de Occidente*, interrompida logo mais pela revolução civil de 1936. Entre este ano e a data da publicação integral de sua tradução, decorreram mais de quinze anos, abençoado lapso de tempo que permitiu a García-Gómez não só aprimorar o seu trabalho em face das inúmeras versões surgidas nas principais línguas da Europa, como aprofundar os seus estudos acerca do filósofo árabe, estudos esses que constituem a substancial e erudita introdução à obra de Ibn Hazm. A propósito desse tratado amatório do século XI, cuja importância para o conhecimento da poesia amorosa ocidental foi exagerada (especialmente por Américo Castro nas suas analogias entre a poesia do Arcipreste de Hita e *O Colar da Pomba*), já nos pronunciamos em 1961 (*O Estado de S. Paulo*, 2 de setembro. Suplemento Literário).

❖ MANUAL DE VERSIFICAÇÃO ROMÂNICA MEDIEVAL ❖

Feito assim um rápido e insubstancial esboço da brilhante carreira de García-Gómez, passemos agora a uma apresentação também sumária e provisória de sua obra capital publicada pela Gredos (até que apareça a recensão crítica que o seu trabalho merece). A própria apresentação não é fácil, dada a complexa estruturação da obra, cujo propósito foi o de exaurir a matéria cuzmani, com a publicação da tradução integral de seu cancioneiro e de todos os estudos que realizou sobre a poesia de Ibn Cuzmán ao longo de uma religiosa dedicação à causa da cultura árabe na Península Ibérica. Trabalho de feição germânica portanto, nele García-Gómez "enxugou o campo" – como se diz na gíria brasileira. O 1º e o 2º volumes, de quase um milhar de páginas, oferecem toda a obra poética de Ben Cuzmán, isto é, os 149 poemas zejelescos que haviam sido publicados por Nikl em 1933, mais 44 zéjeis inéditos – alguns completos, outros em fragmentos – procedentes de outras fontes: de Hilli e de Ben Mubaraksah, do "Mugrib" de Ben Sa'id, da Geniza do Cairo e de Nawagi, e dos prolegômenos de Ben Haldun – integralizando assim 193 peças poéticas. O 2º volume termina com vários apêndices sobre os refrãos do Poeta e a história do único manuscrito existente do *Cancioneiro*, do século XIII, que, como se sabe, se encontra no Museu Asiático de São Petersburgo (Leningrado), desde princípios do século XIX. O 3º volume, que com os anteriores totaliza 1 511 páginas, compreende a massa

❖ Segismundo Spina ❖

dos estudos realizados acerca da poesia cuzmani, especialmente no campo da versificação: uma anatomia completa não só dos zéjeis como das *carjas* do Poeta, seguida de um levantamento dos "romancismos", das onomatopéias e das interjeições. Na esteira da praxe edótica, a tradução dos zéjeis de Ibn Cuzmán é justalinear, isto é, na página esquerda o texto árabe transliterado em caracteres latinos, e na direita a versão rítmica espanhola, com a classificação métrica, encimados por uma interpretação do poema e arrematados por notas elucidativas.

Com a publicação deste *Cancioneiro*, que veio alargar os horizontes da cultura andaluz do século XII e abrir perspectivas para um conhecimento mais seguro das origens das formas poéticas românicas, García-Gómez realizou um verdadeiro milagre editorial.

No Brasil, onde estudos dessa natureza fascinam filólogos de paixões frustradas e extemporâneas, talvez não tenha repercussão o empreendimento do grande orientalista espanhol; mas o mundo culto da Filologia no mais alto sentido, haverá de aplaudir a extraordinária publicação de Emilio García-Gómez, debruçando-se nela para novas aventuras da inteligência crítica.

BIBLIOGRAFIA

ALBORG, Juan Luis. *Historia de la literatura española*. Madrid, Editorial Gredos, [1966] vol. I (*Edad Media y Renacimiento*).

ALIGHIERI, Dante. *La Vita Nuova e Il Canzoniere*. A cura di Luigi di Benedetto. [Torino], UTET, 1944.

_____. *De vulgari eloquentia. In: Obras completas*. São Paulo, Editora das Américas, s/d. vol. X.

ASENSIO, Eugenio. *Poética y realidad en el cancionero peninsular de la Edad Media*. Madrid, Gredos, [1957].

AVALLE, D'Arco Silvio. *Peire Vidal: Poesie*. Ed. critica e commento. Milano-Napoli, R. Ricciardi, 1960. 2 vols.

AZEVEDO FILHO, Leodegário A. de. *O Verso Decassílabo em Português*. Rio de Janeiro, s.c.p., 1962.

BARTSCH, Karl. *Chrestomathie de l'ancien français*. 12ème éd., rev. et corr. par Leo Wiese. New York, Hafner Publ. Comp., 1951.

BECK, Jean. *La musique des troubadours*. Paris, Henri Laurens, 1928.

❖ Segismundo Spina ❖

Bell, Aubrey F. G. "As Origens das 'Cantigas Encadeadas' (Cossantes)". *In: Da Poesia Medieval Portuguesa*, 2. ed. ampl., trad. do inglês por António Alvaro Dória, Lisboa, Rev. "Ocidente", [1947], pp. 25-43.

Boissier, Gaston. *La fin du paganisme*. Paris, Hachette, 1913. vol. II.

Boni, Marco. *Sordello: Poesie*. Nuova ed. critica con studio introd., trad., note e glossario. Bologna, Lib. Antiquaria Palmaverde, 1954.

Bossuat, Robert. *La poésie lyrique en France au XIIe et XIIIe siècles*. Paris, Centre de Documentation Universitaire, [1948-1949]. (Les Cours de Sorbonne, 2 vols., paginação seguida.)

Braga, Teófilo. *Cancioneiro Português da Vaticana*. Ed. crítica. Lisboa, Imprensa Nacional, 1878.

Burger, Michel. *Recherches sur la structure et l'origine des vers romans*. Genève-Paris, Droz-Minard, 1957.

Campos, Geir. *Pequeno Dicionário de Arte Poética*. [Rio de Janeiro], Edições de Ouro, [1965].

Clédat, L. *La Chanson de Roland*. 10e éd. corr. Paris, Garnier, s/d.

Corominas, Joan. Ver Ruiz, Juan.

Cossío, José María de. "Las formas y el espíritu italianos en la poesía española". *In: Historia general de las literaturas hispánicas*. Dir. de Guillermo Diaz-Plaja, II, pp. 491-540.

Covarsi, E. Segura. *La canción petrarquista en la lírica española del siglo de oro*. Madrid, CSIC, 1949.

Davenson, Henri. *Les troubadours*. [Bourges, Tardy, 1961]. (Editions du Seuil, n° 23.)

De Sanctis, Francesco. *Storia della letteratura italiana dai primi secoli agli albori del Trecento*. A cura di Gerolamo Lazzeri. Milano, Hoepli, 1950.

D'Ovidio, Francesco. *Versificazione romanza. Poetica e poesia medioevale*. Napoli, Alfredo Guida-Editore, [1932]. 3 vols.

Entwistle, William J. "Dos 'Cossantes' às 'Cantigas d'Amor'". *In: Da Poesia Medieval Portuguesa*. 2.ed. ampl., trad. do inglês por António Alvaro Dória. Lisboa, Revista "Ocidente", [1947], pp. 73-99.

Errante, Guido. *Sulla lirica romanza delle origini*. New York, S.F. Vanni, [1943].

Faral, Edmond. *Les arts poétiques du XIIe et XIIIe siècles*. Paris, H. Champion, 1924.

Frappier, Jean. *La poésie lyrique en France au XIIe et XIIIe siècles*. Paris, Centre de Documentation Universitaire, [1949]. (Les Cours de Sorbonne.)

_____. "Introduction (Des origines à Chrétien de Troyes)". In: *Le roman breton*. Paris, Centre de Doc. Universitaire, [1950]. (Les Cours de Sorbonne.)

Garcia-Lopes, José. *Historia de la literatura española*. 5.ed. Barcelona, Ed. Teide, [1959].

Garcia-Morejón, Julio. "A mais Primitiva Lírica Occitânica", *Revista de História*, São Paulo, 24:267-305.

Gerold, Théodore. *La musique au moyen âge*. Paris, H. Champion, 1942.

_____. *Histoire de la musique des origines à la fin du XIVe siècle*. Paris, H. Champion, 1936.

González Palencia, Angel. *Historia de la literatura arábigo-española*. 2.ed. rev. Barcelona-Madrid-Buenos Aires, Labor, [1945].

❖ Segismundo Spina ❖

Grammont, Maurice. *Petit traité de versification française.* 12ᵉ éd. Paris, A. Colin, 1947.

Hart, Thomas R. *La alegoría en el Libro de Buen Amor.* Madrid, Revista de Occidente, [1959].

Janner, Hans. "La glosa española, estudio histórico de su métrica y de sus temas". *Revista de Filología Española*, 1943, pp. 181-232.

Jeanroy, Alfred. *Les origines de la poésie lyrique en France au moyen âge.* Paris, H. Champion, 1925.

_____. *La poésie lyrique des troubadours.* Toulouse-Paris, E. Privat-Didier, 1934. 2 vols.

_____. "La *sextina doppia* de Dante et les origines de la sextine", *Romania*, XLII, 1913, pp. 48-489.

Lang, Henri. *Das Liederbuch des Koenigs Denis.* Halle a. S., 1894, pp. CVII-CXLII.

_____. "Las formas estróficas y términos métricos del *Cancionero de Baena*". In: *Estudios in memoriam de A. Bonilla y San Martín.* Madrid, 1927, pp. 485-525.

Lapa, M. Rodrigues. *Das Origens da Poesia Lírica em Portugal na Idade Média.* Lisboa, [Seara Nova], 1929.

_____. *Lições de Literatura Portuguesa. Época Medieval.* 4.ed. rev. Coimbra, Coimbra-Editora, 1955.

_____. *Miscelânea de Língua e Literatura Portuguesa Medieval.* Rio de Janeiro, INL, 1965.

Lapesa, Rafael. *Los decires narrativos del Marqués de Santillana.* Madrid, Real Academía Española, 1954.

Lazzeri, Gerolamo. Ver De Sanctis, Francesco.

Le Gentil, Pierre. *La poésie lyrique espagnole et portugaise à la fin du moyen âge*. Rennes, Plihon, 1952. vol. II: *Les formes*.

_____. *Le virelai et le villancico. Le problème des origines arabes*. Paris, Les Belles Lettres, 1954.

Llorach, E. Alarcos. *Investigaciones sobre el* Libro de Alexandre. Madrid, CSIC, 1948.

Lote, Georges. *Histoire du vers français*. Paris. Editions Boivin, 1949, 1951, 2 vols.

Marasso, Arturo. *Estudios de literatura castellana*. Buenos Aires, Editorial Kapeluz, [1955].

Mena, Juan de. *El Laberinto de Fortuna o Las Trecientas*. Edición, prólogo y notas de José Manuel Blecua. Madrid, Espasa-Calpe, [1960]. (Clásicos castellanos, 119.)

Menéndez Pelayo, Marcelino. *Antología de poetas líricos castellanos*. Edición preparada por D. Enrique Sanchez Reyes. Santander, CSIC, 1944-1945. 10 vols.

_____. *Historia de las ideas estéticas en España*. Buenos Aires, Glem, [1943]. 14 vols.

Menéndez Pidal, Ramón. *Romancero hispánico. Teoría e historia*. Madrid, Espasa-Calpe, 1953. 2 vols.

_____. *Poema de Mio Cid*. 6.ed. Madrid, Espasa-Calpe, [1951]. (Clásicos castellanos, 24.)

_____. *Cantar de Mio Cid*. Texto, gramática y vocabulario. Madrid, Espasa-Calpe, 1944, 1945, 1946. 3 vols.

_____. *Tres poetas primitivos. "Elena y Maria", "Roncesvalles", "Historia Troyana Polimétrica"*. Buenos Aires-México, Espasa-Calpe, [1948]. (Col. Austral, 800.)

❖ Segismundo Spina ❖

_____. *Poesía juglaresca y orígines de las literaturas románicas.* 6.ed., corr. y aum. Madrid, Instituto de Estudios Políticos, 1957.

_____. *De primitiva lírica española y antigua épica.* Buenos Aires-México, Espasa-Calpe, [1951]. (Col. Austral, 1051.)

_____. *Poesía árabe y poesía europea.* 2.ed. Buenos Aires-México, [1943]. (Col. Austral, 190.)

Navarro, Tomás. *Métrica española. Resenha histórica y descritiva.* New York, Las Americas Publishing Company, 1966.

Nunes, José Joaquim. *Cantigas d'Amigo dos Trovadores Galego-portugueses.* Coimbra, Imprensa da Universidade, 1928, 1926, 1928. 3 vols.

Paris, Gaston. *Mélanges de littérature française du moyen âge.* Publiés par Mario Roques. Paris, Société Amicale Gaston Paris, 1910, 1912. 2 vols.

Pernicone, Vincenzo. "Storia e svolgimento della metrica". *In: Tecnica e teoria letteraria.* Dir. de Attilio Momigliano. Milano, C. Marzorati-Editore, [1948]. vol. II, pp. 237-277.

Poirion, Daniel. *Le poète et le prince. L'évolution du lyrisme courtois de Guillaume de Machaut à Charles d'Orleans.* Paris, PUF, 1965.

Proença, M. Cavalcanti. *Ritmo e Poesia.* Rio de Janeiro, Organização Simões, 1955.

Ruiz, Juan. *Livro de Buen Amor.* Edición crítica de Juan de Corominas. Madrid, Gredos, [1967].

Said Ali, M. *Versificação Portuguesa.* Rio de Janeiro, INL, 1949.

Spina, Segismundo. "Formas, Estilo e Temas da Literatura Medieval". Sep. da *Revista de História Literária de Portugal,* II, pp. 95-125.

_____. *A Lírica Trovadoresca.* São Paulo, Edusp, 1996.

————————. *Estudos de Literatura, Filologia e História*. Osasco, Centro Universitário Unifieo, 2001.

————————. *A Cultura Literária Medieval*. 2.ed. revista. São Paulo, Ateliê Editorial, 1997.

Tavani, Giuseppe. "Considerazioni sulle origini dell 'arte mayor'", *Cultura neolatina*. Modena, XXV (1-2): 15-33, 1965.

Ureña, P. H. *La versificación irregular en la poesía castellana*. 2.ed. corr. y. adic. Madrid, 1933.

Valbuena Prat, Ángel. *Historia de la literatura española*. 3.ed. corr. y aum. Barcelona, Gustavo Gil, 1950. vol. I.

Vasconcelos, Carolina Michaelis. *Cancioneiro da Ajuda*. Hale a.S., Niemeyer, 1904. 2. vols.

————————. *A Saudade Portuguesa*. 2.ed. Rio de Janeiro, Anuário do Brasil, [1922].

Verrier, Paul. *Le vers français*. Paris, Didier, 1931, 1932. 2 vols.

Vossler, Karl. *Formas poéticas de los pueblos románicos*. Ordenación de Andreas Bauer. Trad. J. M. Coco Ferraris. Buenos Aires, Losada, [1960].

OBRAS DO AUTOR

Gregório de Matos. Introd., sel. e notas. São Paulo, Assunção, s/d. [1946].

A Poesia de Gregório de Matos. Prefácio de Haroldo de Campos. São Paulo, Edusp, 1995.

Fenômenos Formais da Poesia Primitiva. São Paulo, Fac. de Letras da USP, 1951 (Tese de Doutoramento).

Apresentação da Lírica Trovadoresca. Introd., antologia crítica e glossário. Rio de Janeiro, Acadêmica, 1956; 2.ed. Rio de Janeiro, Grifo/Edusp, 1972; 3.ed. *A Lírica Trovadoresca*. Refundida e atualizada. São Paulo, Edusp, 1991 (com glossário terminológico); 4.ed., revista e ampliada, Edusp, 1996.

Cartas Apologéticas e Históricas sobre os Sucessos Religiosos em Portugal nos Anos de 1834 até 183... Introd. e notas, Sep. da *Revista Brasília*, Coimbra, 1961.

Presença da Literatura Portuguesa (Era Medieval). 4.ed. São Paulo, Difusão Européia do Livro, 1969.

❖ Segismundo Spina ❖

Da Idade Média e Outras Idades. São Paulo, Conselho Estadual de Cultura, 1964.

Formas, Estilo e Temas da Literatura Medieval. Sep. da *Revista de História Literária de Portugal*, Coimbra, 1965.

Do Formalismo Estético Trovadoresco. São Paulo, Faculdade de Letras da USP, 1966. (Tese de Livre-Docência.)

Dicionário Prático de Verbos Conjugados. 2.ed. São Paulo, FTD, s/d.

Introdução à Poética Clássica. São Paulo, FTD, 1967; 2.ed. revista, Martins Fontes, 1995.

Apresentação da Poesia Barroca Portuguesa. Introd. de S. Spina; seleção, estabelecimento de texto e notas de Maria Aparecida Santilli. Fac. de Filosofia, Ciências e Letras de Assis. 1967.

Gil Vicente: O Velho da Horta, Auto da Barca do Inferno, Farsa de Inês Pereira. São Paulo, Brasiliense, 1969-1996 (31.ed.); 32.ed., refundida e ampliada, Ateliê Editorial, 1996.

Obras-primas do Teatro Vicentino. 4. ed. Introd., seleção e comentários. Difel, São Paulo, 1983.

Manual de Versificação Românica Medieval. Rio de Janeiro, Gernasa, 1971; 2.ed., São Paulo, Ateliê Editorial, 2003.

Os Lusíadas: Luís de Camões. Antologia, seleção de textos, introd. de S. Spina; introdução gramatical e notas ao texto pelo Prof. Evanildo Bechara. Rio de Janeiro, Grifo/MAC, 1973; 2.ed., refundida, São Paulo, Ateliê Editorial, 1999.

Iniciação na Cultura Literária Medieval. Rio de Janeiro, Grifo, 1973; 2.ed., São Paulo, Ateliê Editorial, 1997 [novo título: *A Cultura Literária Medieval*].

Normas Gerais para Trabalhos de Grau (Um Breviário para os Estu-

❖ MANUAL DE VERSIFICAÇÃO ROMÂNICA MEDIEVAL ❖

dantes de Pós-graduação). São Paulo, Livraria Editora Fernando Pessoa, 1974; 2.ed., São Paulo, Ática, 1984; 3.ed., Ática, 1994; 4.ed., São Paulo, Ateliê Editorial, 2003.

Estudos de Língua e Literatura. São Paulo, FFLCH-USP, s/d.

Introdução à Edótica (Crítica Textual). São Paulo, Cultrix/Edusp, 1977; 2.ed., atualizada e revista, São Paulo, Ars Poetica/Edusp, 1994.

Na Madrugada das Formas Poéticas. São Paulo, Ática, 1982; 2.ed., São Paulo, Ateliê Editorial, 2002.

As Cantigas de Pero Mafaldo. Texto estabelecido, com notas e glossário. Rio de Janeiro-Fortaleza, 1983.

História da Língua Portuguesa. III. Segunda Metade do Século XVI e Século XVII. São Paulo, Ática, 1987.

A Tuba de Calíope (4ª Musa das Obras Métricas de D. Francisco Manuel de Melo). Introd., estabelecimento do texto, notas e glossário. São Paulo, Brasiliense/Edusp, 1988.

Os Lusíadas – Poema Épico de Luís de Camões. Tradução coreana por Kim Chang-Su, com introdução de S. Spina. Seul, 1988.

Introdução ao Maneirismo e à Prosa Barroca. (com trad. de Ivan Teixeira de "O Estilo Barroco na Prosa", de Morris W. Croll). São Paulo, Ática, 1990.

Cartas de Garrett. (Inéditas). Apresentação e edição de S. Spina. São Paulo, Humanitas Publicações da FFLCH-USP, 1997.

Episódios que a Vida não Apaga: Itinerário de um Pícaro Poeta. São Paulo, Humanitas (FFLCH-USP), 1999.

Estudos de Literatura, Filologia e História. Osasco, Centro Universitário Unifieo, 2001.

LIVROS DE SEGISMUNDO SPINA EDITADOS PELA ATELIÊ EDITORIAL

- *A Cultura Literária Medieval*
- *Gil Vicente – O Velho da Horta, Auto da Barca do Inferno, Farsa de Inês Pereira*
  (PREFÁCIO E NOTAS)
- *Na Madrugada das Formas Poéticas*
- *Normas Gerais para os Trabalhos de Grau*
- *Os Lusíadas – Antologia*
  (EVANILDO BECHARA & SEGISMUNDO SPINA)

Título	*Manual de Versificação Românica Medieval*
Autor	Segismundo Spina
Projeto Gráfico	Tomás B. Martins
Capa	Tomás B. Martins
Editoração Eletrônica	Aline E. Sato Amanda E. de Almeida
Revisão	Geraldo Gerson de Souza
Formato	12 x 18 cm
Papel	Pólen Rustic Areia 85 g/m² (miolo) Cartão Supremo 250 g/m² (capa)
Número de Páginas	233
Impressão	Lis Gráfica